LE POSTILLON DE LONJUMEAU,

OPÉRA-COMIQUE EN TROIS ACTES,

Par MM. de Leuven et Brunswick,

MUSIQUE DE M. ADOLPHE ADAM.

Représenté pour la première fois, à Paris, sur le théâtre royal de l'Opéra-Comique, le 13 octobre 1836.

PERSONNAGES.	ACTEURS.	PERSONNAGES.	ACTEURS.
PREMIER ACTE.		BIJU, sous le nom d'ALCINDOR, coryphée de l'opéra	M. Henri.
CHAPELOU, postillon	M. Chollet.	LE MARQUIS DE CORCY . . .	M. Ricquier.
BIJU, charron	M. Henri.	BOURDON, coryphée de l'opéra .	M. Roy.
LE MARQUIS DE CORCY, gentilhomme de la chambre du roi.	M. Ricquier.	MADELAINE, sous le nom de Mme DE LATOUR	Mlle Prévost.
MADELAINE, maîtresse d'auberge	Mlle Prévost.	ROSE, femme de chambre de Mme de Latour	Mme Roy
PAYSANS, PAYSANNES.		VOISINS ET AMIS DE Mme DE LATOUR.	
DEUXIÈME ET TROISIÈME ACTES.		UN EXEMPT.	
CHAPELOU, sous le nom de SAINT-PHAR, premier chanteur de l'opéra	M. Chollet.	SOLDATS DE LA MARÉCHAUSSÉE.	
		DOMESTIQUES.	

La scène se passe au premier acte au village de Lonjumeau, à l'auberge de la poste, en 1756, aux deuxième et troisième chez Mme de Latour, à Paris.

ACTE PREMIER.

Le théâtre représente une espèce de hangar, ouvert sur un village ; à droite, la porte d'entrée de la salle commune des voyageurs ; à gauche, celle du logement de la maîtresse d'auberge ; au-dessus de cette porte, une fenêtre avec un petit balcon rustique en saillie ; dans le fond, on aperçoit à droite une boutique de charron.

SCENE PREMIERE.

Paysans, Paysannes, *en habits de fête, le bouquet au côté, arrivant par le fond en dansant.*

INTRODUCTION.

CHOEUR.

Le joli mariage !
Enfin ils sont unis !
L'amour seul les engage,
Pour eux plus de soucis.

SCENE II.

Les Mêmes, CHAPELOU, *en habits de postillon élégant, le bouquet au côté, les gants blancs, donnant le bras à MADELAINE, en costume de mariée.*

ENSEMBLE.

Quel bonheur pour mon âme !
Je peux donc aujourd'hui

2f.

CHAPELOU.

T'app'ler enfin ma femme !

MADELAINE.

Te nommer mon mari !

CHAPELOU, *tendrement.*

Ma chère femme !..

MADELAINE, *de même.*

Mon cher mari !

CHAPELOU.

Ah ! quel plaisir !..

MADELAINE.

Que c'est gentil !

ENSEMBLE.

CHAPELOU *et* MADELAINE.

Le joli mariage !
Nous voilà donc unis ;
L'amour seul nous engage,
Pour nous plus de soucis.

CHOEUR.

Le joli mariage !
Enfin ils sont unis ;
L'amour seul les engage,
Pour eux plus de soucis.

MADELAINE.

Je veux dans ton ménage
Toujours te rendre heureux !

CHAPELOU.

Femme gentille et sage
Doit combler tous mes vœux.

CHOEUR.

Voyez qu'ils sont heureux !

MADELAINE.

AIR :

Mon petit mari,
Tu seras chéri ;
Pour toi seul je serai jolie !
Ah ! pouvoir d'un cœur
Partager l'ardeur,
De la vie
C'est le bonheur !

Aux galans toujours rebelle,
Te gardant ma foi,
Je n'aime que toi !
Je jure d'être fidèle ;
Moque-toi des sots
Et de leurs propos,
Car dans nos amours
Je dirai toujours :

Mon petit mari,
Tu seras chéri, etc.

CHAPELOU, *aux paysans.*

Maintenant à la danse,
Amis, que l'on s'élance.

MADELAINE.

Entendez-vous du bal
Le vif et gai signal ?

CHOEUR.

A la danse, à la danse,
Amis, que l'on s'élance !
Entendez-vous du bal
Le vif et gai signal ?

LES PAYSANNES, *entourant Chapelou.*

Avec nous venez vite !..

LES PAYSANS, *entourant Madelaine.*

Madam', je vous invite !

CHAPELOU.

Nous vous rejoignons à l'instant...

CHOEUR.

La contre-danse vous réclame.

CHAPELOU.

Mes bons amis, avec ma femme
Laissez-moi causer un moment.

ENSEMBLE.

CHAPELOU *et* MADELAINE.

A la danse, à la danse,
Amis, que l'on s'élance !
Entendez-vous du bal
Le vif et gai signal ?

CHOEUR.

A la danse, à la danse,
Amis, que l'on s'élance !
Entendez-vous du bal
Le vif et gai signal ?

(*Les paysans sortent par le fond.*)

SCENE III.

CHAPELOU, MADELAINE.

CHAPELOU. Eh ben ! ma bonne Madelaine, il n'y a plus à s'en dédire, le *Conjungo* est prononcé... te v'là madame Chapelou, la femme du premier postillon de la poste de Lonjumeau, et, de plus, du coq de tout le village... ça flatte l'amour-propre d'une jeunesse... hein ! méchante ?

MADELAINE. C'est bon, c'est bon, monsieur le joli cœur, parce que vous avez quelques agrémens physiques, vous êtes fier comme un paon...

CHAPELOU. Ecoute donc, Madelaine... sais-tu que j'étais joliment couru des jeunes filles ?.. quand je pense à ça... j'en ai-t-y enjôlé de ces femmes !.. j'en ai-t-y croqué de ces poulettes !..

MADELAINE. Oui ; mais maintenant, vous ne croquerez que moi... mauvais sujet !..

CHAPELOU. Ah ! c'est vrai !... il faut dire bonsoir à la vie de garçon... (*il soupire*) ah !

MADELAINE. Pardine, j'vous conseille de la regretter... c'était du gentil !... le cabaret, les disputes... au lieu qu'à présent, monsieur, vous ne quitterez plus votre petite ménagère.. elle vous câlinera, elle vous dorlotera, et vous fera de si bonne soupe aux choux... car vous l'aimez la soupe aux choux, friand !

CHAPELOU. Oh! c'est véridique... je ferais des bassesses pour la soupe aux choux; (*soupirant*) mais...

MADELAINE. Mais.... mais.... quoi que vous avez donc?... vous ne faites que soupirer.... le premier jour de nos noces.... est-ce que vous ne m'aimeriez plus, monsieur?..

CHAPELOU. Oh! si l'on peut dire...

MADELAINE. Ça serait bien mal à vous.. moi, qui vous ai fait tant de sacrifices.... car, enfin, ces jours derniers, je ne vous en ai rien dit, mais j'ai encore reçu une lettre de ma tante... cette bonne tante qui est allée s'établir à l'Ile-de-France, et qui veut absolument que j'aille la rejoindre...

CHAPELOU. Ah ça! est-ce que décidément elle a fait fortune là-bas, la digne femme?

MADELAINE. Je crois bien!... une fortune de duchesse! elle a des champs où l'on sème du sucre et du café qu'il n'y a qu'à se baisser pour en prendre... Eh bien! quand je pourrais aller partager toutes ces douceurs-là et devenir une grande dame, j'y renonce pour rester à Lonjumeau, dans cette petite auberge, mon seul héritage... tout ça, pour épouser monsieur, qui a l'air d'avoir des regrets et qui se permet de soupirer... mais qu'est-ce qui vous tracasse... voyons?...

CHAPELOU. Eh! bien, tiens, Madelaine, tu vas tout savoir... tu as entendu parler de la mère Grabille?...

MADELAINE. La vieille sorcière du village ici près...

CHAPELOU. Juste... savante femme!... alors, j'ai été, dès le matin, la consulter dessus notre mariage...

MADELAINE. Oh! comme ça se rencontre!... tu sais bien le père Gaspard?..

CHAPELOU. Le vieux berger... le petit bossu.

MADELAINE. Je l'ai consulté de mon côté sur notre union...

CHAPELOU. Voyez-vous ça!...

DUO.

ENSEMBLE.

Quoi! tous les deux! qui l'aurait cru?..
Ah! l'aventure est singulière!..

MADELAINE.

Parle vite... chez la sorcière,
Dis-moi ce qu'on t'a répondu.

CHAPELOU.

Se démenant comme un vrai diable,
Après avoir lu dans ma main,
Elle a dit que j'étais aimable,
Adroit et surtout fort malin;
Que jamais, grâce à ma finesse,

Je ne pourrais être attrapé;
Que par ma femme ou ma maîtresse,
Je ne serais jamais trompé...

MADELAINE, *riant*.

Jamais trompé?..

CHAPELOU.

Jamais trompé!

MADELAINE.

Ta sorcière est une ignorante,
Qui, vraiment, ne sait rien de rien.

CHAPELOU.

C'est une femme fort savante;
J'en réponds, elle parle bien.

MADELAINE.

Enfin, de notre mariage,
Que pense-t-elle? réponds-moi...

CHAPELOU.

Elle m'a dit qu'en ce village
J'avais tort d'engager ma foi...

MADELAINE.

Mais c'est fort mal...

CHAPELOU.

       Et qu'à la ville
M'attendait le plus grand bonheur...
Qu'il me serait bientôt facile,
A Paris, de vivre en seigneur...

MADELAINE.

En seigneur?

CHAPELOU.

En seigneur!..
Bref, pour parler avec franchise,
Elle m'a dit qu'en t'épousant
Je fais...

MADELAINE.

Quoi donc?

CHAPELOU.

      Une bêtise.

MADELAINE, *avec colère*.

Qu'entends-je! ah! c'est affreux! vraiment
Cet oracle est trop insolent!

(*Elle s'éloigne de Chapelou.*

CHAPELOU, *se rapprochant d'elle*.

Apaise ton ressentiment.
Ce n'est pas sa faute vraiment
Si dans le livre du destin
Elle a lu cela ce matin.

ENSEMBLE.

MADELAINE.

Ah! quelle impudence!
Quelle impertinence!
Oui, son ignorance
Veut une leçon.
Méchante sorcière,
Vilaine mégère,
On devrait te faire
Mourir en prison.

CHAPELOU.

Si par sa science
Elle peut d'avance
Avec assurance
Prévoir l'avenir,
En vain la colère

Ici t'exaspère ;
La pauvre sorcière.
Pourquoi la punir ?

CHAPELOU.

Maintenant, à mon tour, ma chère...
C'est à moi de l'interroger,
Je veux savoir tout le mystère ;
Que t'a répondu le berger ?

MADELAINE.

Il m'a dit que dans ce village
Si je voulais donner ma foi,
Je pourrais, pour le mariage,
Trouver, mon cher, bien mieux que toi !

CHAPELOU, *avec suffisance.*

Bien mieux que moi ?

MADELAINE.

Bien mieux que toi !

CHAPELOU.

Ton sorcier n'est qu'un imbécile,
Qui, vraiment, ne sait rien de rien.

MADELAINE.

Ah ! c'est un homme très-habile ;
J'en réponds, il parle fort bien.
Il prétend que ton caractère
Rendra notre hymen malheureux,
Que, loin de chercher à me plaire,
Bientôt tu trahiras nos feux,
Et que tu n'es qu'un vaniteux...
Et surtout un ambitieux.

CHAPELOU, *se récriant.*

Il dit que je suis vaniteux !..

MADELAINE.

Bref, pour parler avec franchise,
Il m'a juré qu'en t'épousant
Je fais...

CHAPELOU.

Quoi donc ?

MADELAINE.

Une sottise !

CHAPELOU, *avec colère.*

Qu'entends-je ! ah ! c'est affreux ! vraiment
Cet oracle est trop insolent !

(*Il s'éloigne de Madelaine.*)

MADELAINE, *s'approchant de lui.*

Apaise ton ressentiment.
Ce n'est pas sa faute vraiment
Si dans le livre du destin
Il a lu cela ce matin.

ENSEMBLE.

CHAPELOU.

Ah ! quelle impudence !
Quelle impertinence !
Oui, son ignorance
Veut une leçon.
Ah ! crains ma colère.
Méchante vipère ;
On devrait te faire
Mourir en prison.

MADELAINE.

Si par sa science
Il peut à l'avance
Avec assurance

Prévoir l'avenir,
En vain la colère
Ici t'exaspère,
On ne peut, j'espère,
Vouloir le punir.

MADELAINE, *montrant Chapelou au doigt et riant.*

Aux sorciers vraiment il a foi.

CHAPELOU, *riant.*

Non, je n'y crois pas plus que toi.

MADELAINE.

Entre nous deux, allons, plus de nuages,
Je t'aimerai toujours, je te le jure ici.

CHAPELOU.

Je ne croirai jamais à de fâcheux présages,
Je veux être pour toi le plus tendre mari.

ENSEMBLE.

Ah ! quel doux avenir !
Rien ne pourra nous désunir.
Allons, ne redoutons plus rien,
Chez nous toujours tout ira bien ;
Les mauvais sorts n'y feront rien.

(*A la fin de l'ensemble, Chapelou embrasse Madelaine. Biju entre par le fond à droite.*)

SCENE IV.

LES MÊMES ; BIJU, *en habit de travail de forgeron.*

BIJU, *entrant.* Très-bien... il paraît que vous êtes pressés... allez votre train... ne vous gênez pas...

MADELAINE. Tiens ! tiens ! faudrait-il pas se gêner devant monsieur Biju !...

CHAPELOU, *à Biju.* Dis donc, dis donc, pendant que j'y pense, pourquoi qu'on ne t'a pas vu à ma noce, toi?

BIJU, *avec humeur.* Parce que j'étais à ma forge...

MADELAINE. Et parce que c'est vexant de voir le bonheur d'un rival, n'est-ce pas, monsieur Biju?

CHAPELOU. Ah! c'est vrai, ce pauvre garçon, je crois qu'il te faisait un petit doigt de cour, Madelaine?..

BIJU. Je lui faisais bien une cour tout entière.... sans compter qu'elle ne me voyait pas d'une mauvaise œil !...

MADELAINE. Oh! si l'on peut dire !.... faiseur de cancans !...

BIJU. Il n'y a pas de cancans... je vous avais charmée... ainsi que toutes les jeunesses de l'endroit... c'est pas étonnant... avant l'arrivée de Chapelou, j'étais le plus bel homme de l'hameau... on pleurait de rire quand je racontais des farces à la veillée... c'est au point qu'on me disait : En v'là assez... et, le dimanche, quand je chantais au lutrin, il n'y avait pas assez de place dans l'église.

MADELAINE. Et maintenant, c'est le tour de mon petit Chapelou... faut avouer aussi qu'il a un gosier de rossignol...

BIJU. Je suis aussi rossignol que lui... mais ce qui est nouveau est beau, comme dit le proverbe... aujourd'hui, le sexe me repousse et le lutrin me dédaigne.

MADELAINE, *riant.* Ah! ah! ah! le fait est, Chapelou, que tu lui as joliment coupé l'herbe sous le pied...

CHAPELOU, *à Biju.* Mais sans rancune, va... je ne t'en veux pas... j'ai même un petit service à te demander...

BIJU. Voyons voir...

CHAPELOU. Voilà... tous les postillons sont en course, et, s'il arrive ce soir un voyageur, il n'y a pas à dire, il faudra que je mette les bottes de sept lieues et que j'enfourche le poulet d'Inde.

BIJU. Eh ben!...

CHAPELOU. Eh ben! quand on se marie, on a autre chose à faire que de galoper, la nuit, sur la grande route.... Alors, comme avant d'être charron, t'as été postillon... tu auras la complaisance de me remplacer, en cas de besoin... hein?

MADELAINE. Ainsi, c'est convenu... nous pouvons compter sur vous, voisin?..

BIJU. Comment donc! pouvez compter... sur rien du tout...

CHAPELOU. Tu refuses?..

BIJU. Tout net... et je ne demande plus qu'une chose... c'est qu'il vienne un voyageur...

CHAPELOU. Ah! j'espère bien tout le contraire... et j'ai lieu de croire... (*On entend du bruit au fond.*) Qu'est-ce que c'est que ça?

LE MARQUIS, *dans la coulisse.* Maudit postillon!... holà! quelqu'un!

BIJU, *avec joie.* Un voyageur!

MADELAINE, *avec tristesse.* Un voyageur!

CHAPELOU, *avec dépit.* Un voyageur! que le diable l'emporte!

BIJU, *se frottant les mains.* Fameux! fameux! Dis donc, Chapelou, veux-tu que je t'aide à mettre tes bottes?..

SCENE V.

LES MÊMES, LE MARQUIS.

LE MARQUIS, *entrant par le fond.* Malotru de postillon!.... qui se permet de me verser, moi, le marquis de Corcy, gentilhomme de la chambre du roi!... Y a-t-il un charron dans ce village?

BIJU, *s'avançant.* Un charron! présent!

LE MARQUIS. Une roue de ma chaise vient de se briser... peux-tu me la raccommoder?

BIJU. Oui, mon prince. (*Regardant Chapelou.*) Dans une heure vous pourrez vous remettre en route...

CHAPELOU, *tristement à Madelaine.* Rien qu'une heure, Madelaine...

MADELAINE, *à demi-voix.* Laisse-moi faire... (*Au marquis faisant la révérence.*) Mon beau monsieur... je vas vous dire.... nous venons de nous épouser... vous seriez bien aimable si vous n'étiez pas si pressé de partir.

LE MARQUIS. Eh! que m'importe!... retarder mon voyage!

CHAPELOU, *au marquis, d'un air suppliant.* Soyez humain et généreux... attendez seulement jusqu'à demain...

LE MARQUIS, *le repoussant.* Arrière, faquin!... sitôt que ma chaise sera prête tu monteras à cheval.

(*Il se promène au fond du théâtre et paraît réfléchir.*)

CHAPELOU, *à part.* Ces grands seigneurs sont-ils heureux! sont-ils puissans!... il faut tout quitter pour eux... même sa femme...

MADELAINE, *à Biju, d'un air câlin.* Voisin, nous n'avons plus d'espoir qu'en vous... ne raccommodez pas trop vite... vous serez bien gentil, mon petit Biju...

BIJU. Soyez tranquille... pour obliger des amis...

MADELAINE, *passant auprès de Chapelou, et à demi-voix.* Tu resteras...

BIJU, *à part, en les regardant.* Ce Chapelou! est-il fortuné d'avoir un bijou comme ça!... Je vas raccommoder la roue en une demi-heure...

LE MARQUIS. Allons, rustre, à l'ouvrage.

BIJU. V'là que je file, mon prince.

(*Il sort par le fond à droite.*)

MADELAINE, *au marquis.* Si monsieur, en attendant, voulait se rafraîchir, nous avons un petit vin qui n'est pas méchant.

LE MARQUIS, *brusquement.* Je n'ai pas soif; je ne veux qu'une chambre où je puisse attendre en repos que ma chaise soit réparée.

MADELAINE, *désignant la porte à droite.* Entrez là-dedans, monsieur; vous serez bien à votre aise...

CHAPELOU, *à Madelaine.* Et nous, allons rejoindre les amis!

MADELAINE. C'est ça. (*Faisant la révérence au marquis.*) Votre servante, monsieur...

SCENE VI.

LE MARQUIS, *seul.*

(La nuit vient par degrés.)

Maladroit postillon!... interrompre un voyage d'une si haute importance!... un voyage ordonné par sa majesté Louis XV elle-même... c'est qu'elle ne badine pas sa majesté Louis XV... surtout quand il s'agit de ses plaisirs... et elle m'a traité un peu cavalièrement l'autre soir... je vivrais cent ans que les paroles royales ne sortiraient pas de ma mémoire... « Comment, marquis de Corcy, nous n'aurons pas *Castor et Pollux* à Fontainebleau?... — Hélas! non, sire.... Jéliote, qui devait jouer *Castor*, s'est fait enlever par une duchesse, et Legros, sa doublure, a pris un coup d'air en dînant au Port à l'Anglais. — Et vous n'avez pas un autre *Castor* à mettre à la place?... — Pas le moindre *Castor*, sire... il y a de quoi en perdre la tête!.... — A quoi diable sert-il donc de vous avoir donné l'intendance de nos menus plaisirs? Faites des élèves, monsieur, cherchez des voix... il n'en manque pas dans notre beau royaume de France... Cailleau, les délices de la Comédie Italienne, ne végétait-il pas dans un obscur village? — Mais, sire... — Il suffit, monsieur, allez et cherchez des voix... — Oui, sire... » Et, dès le lendemain, j'ai pris la poste... Et je cherche des voix... si sa majesté croit que c'est facile... (*On entend la ritournelle du chœur suivant.*) Allons, encore ces paysans, la gaîté du peuple m'est fastidieuse.

(Il entre dans la chambre à droite.)

SCENE VII.

CHAPELOU, MADELAINE, Paysans, Paysannes.

MORCEAU.

CHOEUR.

Jeunes époux,
Voici l'heure fortunée,
Où l'hyménée ✱
Promet des instans bien doux.

CHAPELOU.

Mes amis, je vous remercie ;
Mais déjà s'avance la nuit,
Et, puisque la noce est finie,
Il faut se retirer sans bruit.
Bonne nuit !

LES PAYSANS.
Bonne nuit !

LES PAYSANNES, *entourant Madelaine.*

Un devoir d'abord nous réclame ,
Monsieur, avant de vous quitter,
Au coucher de madame ,
Nous devons assister.

CHAPELOU.

Je vous suis...

LES PAYSANNES.

Non , selon l'usage,
Monsieur, il faut attendre ici.

CHAPELOU, *avec colère.*

Que le diable emporte l'usage !

ENSEMBLE.

LES PAYSANNES, *aux paysans.*

Il faut obéir à l'usage ,
Ici retenez le mari.

LES PAYSANS, *entourant Chapelou, et le retenant.*

Il faut obéir à l'usage ;
Enfans, retenons le mari .

CHAPELOU, *se débattant.*

Vraiment , contre mon mariage
Tout vient conspirer aujourd'hui.

(*Les paysannes emmènent Madelaine dans la chambre à gauche.*)

SCENE VIII.

CHAPELOU, LES Paysans , *puis* LE MARQUIS.

CHAPELOU , *se débattant au milieu des paysans.*

Laissez-moi rejoindre ma femme !

LES PAYSANS.

Tu n'iras pas ! tu n'iras pas !

CHAPELOU.

Je vais me fâcher, sur mon ame !
Ici n'arrêtez pas
Mes pas.

LES PAYSANS.

Tu n'iras pas! tu n'iras pas!
Allons, pour prendre patience,
Sans qu'on t'y force, mon garçon,
Ici, chante-nous la romance
Du jeune et galant Postillon.

CHAPELOU.

Je n'ai pas le cœur aux chansons !

LES PAYSANS.

Chante... après nous te lâcherons.

CHAPELOU.
Vous le jurez?...

LES PAYSANS.

Nous le jurons !

CHAPELOU.

Alors, en deux temps, je commence.

RONDE.

CHAPELOU.

1ᵉʳ Couplet.

Mes amis, écoutez l'histoire
Du jeune et galant postillon ;

C'est véridique, on peut m'en croire,
Et connu de tout le canton;
Quand il passait dans un village,
Tout le beau sexe était ravi,
Et le cœur de la plus sauvage
Galopait en croupe avec lui.

Oh! oh! oh! qu'il était beau
Le postillon de Lonjumeau!

CHŒUR.

Oh! oh! oh! qu'il était beau
Le postillon de Lonjumeau!

2ᵉ Couplet.

Mainte dame de haut parage,
En l'absence de son mari,
Exprès se mettait en voyage
Pour être conduite par lui;
Aux procédés toujours fidèle,
On savait qu'adroit postillon,
S'il versait parfois une belle,
Ce n'était que sur le gazon.

Oh! oh! oh! qu'il était beau
Le postillon de Lonjumeau!

CHŒUR.

Oh! oh! oh! qu'il était beau
Le postillon de Lonjumeau!

LE MARQUIS, *qui est entré par la droite pour écouter. A part.*

Quelle voix ravissante!
Vraiment elle m'enchante!
Je trouve enfin celui
Que je cherche aujourd'hui.

(*Il écoute attentivement, en donnant des marques du plus vif plaisir.*)

CHAPELOU.

3ᵉ Couplet.

Mais pour conduire un équipage,
Voilà qu'un soir il est parti;
Depuis ce temps, dans le village,
On n'entend plus parler de lui.
Ah! ne déplorez pas sa perte,
Car, de l'hymen suivant la loi,
La reine d'une île déserte
De ses sujets l'a nommé roi.

Oh! oh! oh! qu'il était beau
Le postillon de Lonjumeau!

CHŒUR.

Oh! oh! oh! qu'il était beau
Le postillon de Lonjumeau!

SCENE IX.

LES MÊMES, LES PAYSANNES.

LES PAYSANNES, *sortant de la chambre de Madelaine.*

Maintenant, monsieur le mari,
Vous pouvez ordonner ici.

ENSEMBLE.

CHAPELOU.

Heureux époux,
Voici l'heure fortunée
Où l'hyménée
Promet des instans bien doux!
Retirez-vous.

CHŒUR.

Heureux époux!
Voici l'heure fortunée
Où l'hyménée
Promet des instans bien doux!
Retirons-nous.

(*Les paysans et les paysannes sortent par le fond.*)

SCENE X.

CHAPELOU, LE MARQUIS.

(Après avoir reconduit les paysans, Chapelou va pour rejoindre Madelaine.)

LE MARQUIS, *l'arrêtant par le bras.* Un mot, mon garçon... un mot... tu me vois ravi, enchanté... transporté!..

CHAPELOU. De quoi?

LE MARQUIS. Tu as le plus beau *si bémol* que j'aie jamais ouï!

CHAPELOU. J'ai un *si bémol*... (*Regardant autour de lui.*) Où ça?...

LE MARQUIS. Je t'expliquerai plus tard, il s'agit de m'écouter.

CHAPELOU. J' peux pas... j' peux pas... ma femme... Madelaine qui m'attend....

LE MARQUIS, *se plaçant devant la porte, à gauche.* Il s'agit bien de ta femme, quand il y va pour toi de ton avenir, de ta fortune!..

CHAPELOU, *très-étonné.* Ma fortune?

LE MARQUIS. Oui, à cause de ton *si bémol*... Écoute, te dis-je... je suis intendant des menus plaisirs de sa majesté Louis quinze.

CHAPELOU, *voulant s'en aller.* C'est possible... mais, vu la circonstance, je suis obligé...

LE MARQUIS. Quand je te dis que tu as cent mille livres dans ton gosier...

CHAPELOU. Dans mon gosier!... je n'y suis pas du tout...

LE MARQUIS. Tu ne sais pas chanter.... mais tu as une voix timbrée, flexible, admirable... tu me parais avoir de l'intelligence... je ferai de toi un artiste distingué, et dans six mois, tu débuteras au Grand-Opéra...

CHAPELOU. Comment! je paraîtrais aux lumières... habillé en sauvage... avec du fard?...

LE MARQUIS. Et tu gagneras dix mille livres par an.

CHAPELOU. Dix mille livres?... laissez donc, je vois la farce... vous voulez vous amuser d'un pauvre postillon... si j'avais le temps j'en rirais aussi... mais je vais rejoindre ma femme...

LE MARQUIS, *le retenant.* Oh! je ne plaisante pas... pour te le prouver... tiens, voilà cent louis, à titre d'encouragement.

(Il lui donne une bourse.)

CHAPELOU, *la prenant et l'examinant.*
C'est ma foi ben des petits jaunets...

LE MARQUIS. Eh! ce n'est rien que cela... tu verras la cour... les princesses...
les plus grands seigneurs... le roi te com-
plimentera... te fera des présens... il t'en-
verra des tabatières...

CHAPELOU. Je prends pas de tabac...

LE MARQUIS. On prend toujours les tabatières... Allons, allons, ne perdons pas
de temps... je te le répète, songe à ta fortune, à ton avenir...

FINAL.

DUO.

LE MARQUIS.
A mes désirs il faut te rendre;
Avec moi, vite, il faut partir.

CHAPELOU.
Eh quoi!.. partir sans plus attendre ?..
Non, je ne puis y consentir.

LE MARQUIS.
Allons, ta résistance est vaine,
Le bonheur t'appelle à la cour.

CHAPELOU.
Eh quoi! quitter Madelaine
Lorsque son cœur a tant d'amour ?...

LE MARQUIS.
Mon Dieu! ne te mets pas en peine,
Bientôt tu seras de retour...
Viens!..

CHAPELOU.
Je ne puis... un autre jour...
Demain... la semaine prochaine...

LE MARQUIS.
A l'instant... bannis tout regret...
(*A part.*)
Sa belle voix m'échapperait!

CHAPELOU.
Pour mon cœur quelle peine!
Non, je ne puis consentir, en ce jour,
A quitter Madelaine,
Lorsque son cœur a pour moi tant d'amour!

LE MARQUIS.
Crois en ma promesse;
Oui, de la richesse
Et de la noblesse
Heureux favori,
Captivant les ames
De toutes les femmes,
Des plus nobles dames
Tu seras chéri.

CHAPELOU.
Ah! quelle promesse!
Quoi! de la richesse
Et de la noblesse
Heureux favori,
Captivant les ames
De toutes les femmes,
Des plus nobles dames
Je serais chéri?

ENSEMBLE.

LE MARQUIS.
Crois en ma promesse;
Oui, de la richesse
Et de la noblesse
Heureux favori,
Captivant les ames
De toutes les femmes,

Des plus nobles dames
Tu seras chéri.

CHAPELOU.
Ah! quelle promesse!
Quoi! de la richesse
Et de la noblesse
Heureux favori,
Captivant les ames
De toutes les femmes,
Des plus nobles dames
Je serais chéri?

LE MARQUIS.
Pour toi quel avenir joyeux!..
Que de plaisirs!.. que de fortune!
Dans tes amours toujours heureux,
Tu séduis la blonde et la brune.

CHAPELOU, *hésitant.*
Ah! vous allez me tenter...
Je ne pourrais vous résister...
(*Hésitant.*)
Pour mon cœur quelle peine!
Non, je ne puis consentir, en ce jour,
A quitter Madelaine,
Lorsque son cœur a pour moi tant d'amour.

ENSEMBLE.

LE MARQUIS.
Crois en ma promesse,
Oui, de la richesse
Et de la noblesse
Heureux favori,
Captivant les ames
De toutes les femmes,
Des plus nobles dames
Tu seras chéri.

CHAPELOU.
Ah! quelle promesse!
Quoi! de la richesse
Et de la noblesse
Heureux favori,
Captivant les ames
De toutes les femmes,
Des plus nobles dames
Je serai chéri.

SCENE XI.

LES MÊMES, BIJU.

TRIO.

BIJU, *accourant par le fond.*
Prince, votre voiture est prête!

LE MARQUIS, *à Chapelou.*
Fort bien! Que rien ne vous arrête...
Mon ami, quel honneur pour toi!
Demain je te présente au roi!..

BIJU, *stupéfait, à Chapelou.*
Demain il te présente au roi?

CHAPELOU, *à Biju, avec fatuité.*
Oui, mon cher, je vais chez le roi;
J'aurai de l'or plus gros que toi.

BIJU.
Mais explique-moi ce mystère.

CHAPELOU.
Devant ce seigneur j'ai chanté;
De ma voix il est enchanté!

BIJU.
Pour toi quelle chance prospère!
(*A part, regardant le marquis.*)
Mais j'ai de la voix, Dieu merci!
Et je vais l'enchanter aussi.
(*Il s'approche du marquis et lui crie aux oreilles.*)
Tra, la la la la la la la!..

LE MARQUIS, *repoussant Biju.*
Butor!..

(*A Chapelou.*)
Partons...
BIJU, *à Chapelou.*
Mais Madelaine...
Quoi ! tu pars sans la prévenir ?..
CHAPELOU, *avec hésitation.*
Dis-lui que je vais revenir...
Demain... la semaine prochaine...
LE MARQUIS.
Allons, allons, il faut partir.

ENSEMBLE.
Crois en ma promesse ;
Oui, de la richesse
Et de la noblesse
Heureux favori,
Captivant les ames
De toutes les femmes,
Des plus nobles dames
Tu seras chéri.

CHAPELOU.
Ah ! quelle promesse !
Quoi ! de la richesse
Et de la noblesse
Heureux favori,
Captivant les ames
De toutes les femmes,
Des plus nobles dames
Je serai chéri !

BIJU, *à part.*
La belle promesse !
Quoi ! de la richesse
Et de la noblesse
Heureux favori,
Captivant les ames
De toutes les femmes,
Des plus nobles dames
Il sera chéri !
(*Le marquis entraîne Chapelou par le fond.*)

SCENE XII.
BIJU, MADELAINE.

MADELAINE, *paraissant sur le balcon de la fe-
nétre à gauche, en camisole et en bonnet de
nuit.*

CANTABILE.
Viens, ma voix t'appelle,
Viens, mon petit mari ;
A l'amour fidèle,
Je t'attends ici.
Viens... Mais, hélas !
Il ne vient pas !
(*Appelant.*)
Mon mari ! mon mari !
BIJU.
Vous demandez votre mari ?
Ah ! ah ! vraiment ça me fait rire !..
(*On entend le roulement d'une voiture.*)
Tenez !.. tenez !.. le v'là parti.
MADELAINE, *avec inquiétude.*
Que veux-tu dire ?

BIJU, *se frottant les mains.*
On enlève votre mari ;
Il ne reviendra plus ici...
MADELAINE.
Grand Dieu !.. m'enlever mon mari !..
(*Criant.*)
Au secours ! au secours ! mon mari !..
(*Elle disparaît de la fenêtre.*)

SCENE XIII.
BIJU, PAYSANS, PAYSANNES, *accourant avec
des lanternes et en déshabillés de nuit, puis*
MADELAINE.

CHOEUR.
Pourquoi ces cris et ce tapage ?
Nous venons mettre le holà !
Eh quoi ! dans le nouveau ménage
On se disputerait déjà ?
MADELAINE, *entrant par la gauche.*
Mon mari ! je veux mon mari !..
BIJU.
Puisqu'on vous dit qu'il est parti !
MADELAINE.
Mais il va revenir, j'espère ?
BIJU.
Jamais... sachez tout le mystère :
On veut en faire un beau chanteur...
Il va devenir grand seigneur.
MADELAINE.
Ah ! c'est affreux ! ah ! c'est infâme !
Abandonner ainsi sa femme
Le premier jour de notre hymen !
Comprenez-vous tout mon chagrin ?
BIJU.
Écoutez...
(*On entend dans le lointain la voix de Chape-
lou répéter le refrain de la ronde.*)
Oh ! oh ! oh ! qu'il était beau
Le postillon de Lonjumeau !
TOUS.
Ah ! c'est affreux ! ah ! c'est infâme !
Abandonner ainsi sa femme !
MADELAINE.
Ah ! loin d'un ingrat qui m'offense
Et qui méprise nos amours,
Chez ma tante, à l'Ile-de-France,
Je veux aller finir mes jours.
BIJU, *à part.*
Ah ! pour lui quelle heureuse chance !
Je veux partager son destin ;
A la fortune je m'élance,
Et je partirai dès demain.
CHOEUR GÉNÉRAL.
Ah ! c'est affreux ! ah ! c'est infâme !
Abandonner ainsi sa femme
Le premier jour de son hymen !
Tâchons de calmer son chagrin.
(*Madelaine tombe presque évanouie entre les
bras des paysannes qui la soutiennent et la
reconduisent vers la porte à gauche. — Le ri-
deau baisse.*)

ACTE SECOND.
Le théâtre représente un riche salon du temps, ouvert sur un jardin ; portes latérales ; à droite, un guéridon.

SCENE PREMIERE.
MADELAINE, *seule, en riche toilette.*
AIR.
Je vais donc le revoir, après dix ans d'absence !
Cette douce pensée a fait battre mon cœur ;
Mais ce n'est pas d'amour, désormais la vengeance
Doit seule m'occuper et faire mon bonheur.
Il faut que je punisse un ingrat que j'adore ;
Mais, pour ne pas faillir, ah ! répétons encore
Ces mots que si souvent j'ai dits dans ma douleur

Hélas ! quelle est ma peine !
Ce n'est plus Madelaine
A qui l'amour l'enchaîne,
Son cœur n'est plus à moi.
Que de fois, en silence,
De celui qui m'offense
J'ai pleuré l'inconstance :
Il a toujours ma foi !

C'est en vain que la fortune
De ses dons me pare aujourd'hui ;
Sa faveur me semble importune,
Rien ne peut calmer mon ennui ;
 Je pense à lui,
 Toujours à lui !

Hélas ! quelle est ma peine !
Ce n'est plus Madelaine,
Etc., etc., etc., etc.

SCENE II.

MADELAINE, ROSE, *entrant par la gauche.*

MADELAINE, *vivement.* Eh bien, Rose?

ROSE. Vos ordres, madame, ont été exécutés; vous trouverez dans votre appartement tout ce que vous avez commandé...

MADELAINE. Je vais donc revoir mon infidèle... l'idée d'être aujourd'hui près de mon mari, de lui parler, me cause un trouble...

ROSE. Comment? vous pouvez aimer encore un monstre qui vous a abandonnée depuis dix ans!... qui vous a laissé partir toute seule pour l'Ile-de-France? maintenant que, grâce à l'héritage de votre tante; vous êtes riche, extrêmement riche, que vous n'avez plus rien de la paysanne, ah! à votre place je ne penserais guère à mon mari. Vous avez déjà changé de nom, eh bien! je changerais aussi...

MADELAINE. Il le mériterait bien! depuis trois mois que je suis de retour en France, pas une des lettres que la pauvre Madelaine lui a écrites n'a eu de réponse.

ROSE. Tandis que les petits billets musqués que vous lui écrivez sous le nom de madame de Latour, et que je lui remets de votre part...

MADELAINE. Voilà ce qui m'irrite le plus !.. je sais fort bien qu'en me présentant à lui telle que je suis, il serait revenu à moi; mais j'aurais pu imputer ce retour de tendresse à ma nouvelle fortune... j'aurais voulu que ce fût Madelaine, Madelaine seule... Mais je me vengerai!... grâce aux soins de cet imbécile de marquis, Saint-Phar, aujourd'hui même, doit venir ici.

ROSE. Le pauvre marquis de Corcy... savez-vous bien, madame, qu'il est amoureux fou de vos attraits?

MADELAINE. L'ennuyeux personnage!... en qualité de voisin, il m'assomme tous les jours de ses propos galans et de ses tendres déclarations.

ROSE, *souriant.* S'il se doutait que c'est un mari, un rival, qu'il vous présente !...

MADELAINE. Il est loin de soupçonner la vérité!... Sa passion pour moi lui a fait composer un intermède qu'il veut faire exécuter ici par les chanteurs de l'Opéra; j'ai accepté avec empressement...

ROSE. Je comprends!.. vous allez avoir sous la main votre volage époux, le brillant Saint-Phar, jadis postillon et aujourd'hui premier sujet de l'Académie royale de musique!... mais, pour l'honneur du corps des femmes, n'allez pas faiblir.

MADELAINE, *souriant.* Sois tranquille ! je lui ferai payer cher son inconstance !...

ROSE. Ces scélérats d'hommes!... on ne saurait trop les tourmenter...

MADELAINE. Silence ! voici le marquis.
(Rose se retire.)

SCENE III.

MADELAINE, LE MARQUIS.

LE MARQUIS, *entrant par le fond.* Ah!.. voilà la reine de ces lieux!... pardon, pardon, belle dame, de vous avoir fait attendre...

MADELAINE. Je ne vous en veux pas, marquis.

LE MARQUIS. Que ces mots sont flatteurs!... croiriez-vous, madame, qu'un peu plus nous n'avions pas d'intermède!

MADELAINE. Que c'eût été contrariant !

LE MARQUIS. Ce n'est pas parce que la musique et les paroles sont de votre humble serviteur ; mais, sans vanité, vous auriez perdu à ne pas entendre les vers que mon amour a enfantés... mon œuvre est d'une délicatesse... sous le nom du berger Tityre, je m'y plains de vos rigueurs, belle inhumaine.

MADELAINE, *impatientée.* Mais les comédiens viendront, n'est-ce pas?

LE MARQUIS. N'ont-ils pas eu l'audace de refuser d'abord; sous prétexte qu'ils étaient fatigués de chanter, qu'on les accablait de travail... Saint-Phar, surtout, s'est mis à la tête des mécontens.

MADELAINE. Qu'est-ce que c'est que ce Saint-Phar?

LE MARQUIS. C'est un drôle... qui parbleu chante à ravir... c'est notre premier sujet... « Mais où voulez-vous nous conduire? » s'est-il permis de me dire, à moi, le marquis de Corcy... Vous concevez bien, belle dame, que je me suis gardé de prononcer votre nom devant ces gens-là. « Faquins, leur ai-je dit, faquins, obéissez au surintendant des menus plaisirs de sa majesté, ou demain, vous irez tous coucher au For-l'Evêque. » Ces derniers mots ont calmé la révolte, et dans un instant ils seront ici.

MADELAINE. Ah! vous me rassurez. J'eusse été désespérée de ne pas entendre votre intermède.

LE MARQUIS. J'aurais plutôt amené ici toute la troupe d'Opéra, pieds et poings liés; car, pour vous plaire, que ne ferait-on pas?... Depuis que vous êtes venue vous établir dans ce château voisin de mes domaines, il y a trouble, anarchie, guerre civile dans mon pauvre cœur!... vous l'avez percé de tant de flèches... mais vous, belle dame, me ferez-vous enfin connaître ce que vous éprouvez pour moi?

MADELAINE. Marquis, vous êtes d'une tyrannie!...

LE MARQUIS. Pardon, ma déesse; mais le roi retourne demain à Paris, ma charge m'oblige à le suivre; ainsi, vous voyez bien...

MADELAINE, *vivement.* Comment? la cour quitte Fontainebleau... et la troupe d'Opéra aussi!.. c'est désolant!

LE MARQUIS. Mais, madame, pourquoi ces regrets?

MADELAINE, *embarrassée.* J'aime beaucoup la musique.

LE MARQUIS. Au fait, depuis que vous habitez près de Fontainebleau, vous n'avez pas manqué une seule de nos représentations.

MADELAINE. *Le Devin du village* a été supérieurement exécuté avant-hier.

LE MARQUIS. Supérieurement! (*Avec tendresse.*) Je retourne à Paris, madame; puis-je espérer que bientôt?..

MADELAINE. Quel est donc l'acteur qui jouait le rôle de *Colin?*

LE MARQUIS. Le nommé Saint-Phar. (*Tendrement.*) Puis-je espérer que bientôt?..

MADELAINE. Ah! c'est Saint-Phar... y a-t-il long-temps qu'il est à l'Opéra?

LE MARQUIS. Dix ans à peu près. (*tendrement*) Puis-je espérer que bientôt?..

MADELAINE. Je suis sûre que c'est un mauvais sujet?

LE MARQUIS. Un détestable sujet! (*tendrement*) Puis-je espérer que bientôt?...

MADELAINE. C'est dommage! il est fort bel homme, ce Saint-Phar...

LE MARQUIS. Allons, Saint-Phar, toujours Saint-Phar!... je ne puis plus me présenter chez une belle sans qu'elle me jette ce maudit nom à la figure... il a tourné la tête à toutes nos dames!... je le trouve toujours sur mes talons!.. quand je parle d'amour, on me répond Saint-Phar! et vous voilà comme toutes les autres!... vous n'avez pu échapper à l'épidémie.

MADELAINE. C'est pure curiosité, je vous assure...

LE MARQUIS. Un homme de rien! un vil paysan, à qui j'ai donné des maîtres de toute espèce, que j'ai fait entrer à l'Opéra, qui me doit tout!

MADELAINE. Ah! c'est vous.... (*à part*) je t'apprendrai à enlever un mari à sa femme.

LE MARQUIS. Si ce Saint-Phar possède aujourd'hui talent, tournure, bonnes façons, manières de cour, c'est grâce à ma protection... que serait-il sans moi? un obscur postillon végétant avec ses chevaux, son avoine et sa femme...

MADELAINE, *avec intention.* Ah! il est marié?

LE MARQUIS. Il l'était... avec une femme de son espèce, une vilaine, une rustre comme lui... mais il est veuf maintenant, à ce qu'il m'a dit.

MADELAINE, *vivement.* Veuf!... il vous a dit qu'il était veuf! (*à part*) quelle infamie!

LE MARQUIS. De grâce, madame, ne me parlez plus de cet homme, et laissez renaître le serein dans mon ame. Demain, je retourne à Paris; puis-je espérer que bientôt?...

ROSE, *revenant.* Madame, madame, voici les comédiens.

MADELAINE, *au marquis.* Je vous laisse recevoir ces messieurs... disposez de ce salon pour faire répéter votre chef-d'œuvre... je vais écrire à quelques voisins pour qu'ils viennent assister à sa représentation.

LE MARQUIS, *reconduisant Madelaine.* Ne tardez pas à reparaître... car, loin de vous, je dépéris comme une tendre fleur.

(Madelaine sort, par la gauche, suivie de Rose.)

SCENE IV.

LE MARQUIS, SAINT-PHAR, ALCINDOR, Comédiens.

MORCEAU.

CHOEUR DES COMÉDIENS.

Ah! quel affreux martyre!
Chanter à chaque instant;
Nous n'y pouvons suffire,
C'est par trop fatigant.

LE MARQUIS.

Qu'entends-je? l'on raisonne!
Songez à bien chanter;
Je l'entends, je l'ordonne!
Nous allons répéter.

SAINT-PHAR, *avec fatuité.*
En vérité, c'est impossible.
Chaque jour chanter l'opéra ;
Mais le gosier le plus flexible
Ne peut résister à cela.
ALCINDOR.
Tous vos chanteurs de l'Opéra
Sont plus qu'à demi morts déjà.
SAINT-PHAR.
Le berger près de sa bergère
En vain souffle dans ses pipeaux.
ALCINDOR.
Pour fléchir le cruel Cerbère,
Hier, Orphée a chanté faux.
SAINT-PHAR.
Le fleuve auprès de sa fontaine
N'a qu'un petit filet de voix.
ALCINDOR.
Et près de la tendre Chimène
Le Cid lui-même est aux abois.
CHOEUR.
Tous vos chanteurs de l'Opéra
Sont plus qu'à demi morts déjà.
(*Le marquis cherche à les calmer.*)
SAINT-PHAR, *à Alcindor.*
Bravo ! bravo ! la révolte est complète !
Tout marche au gré de mes désirs ;
Puis-je rester à cette fête,
Quand loin d'ici m'appellent les plaisirs ?
Peut-être, en mon absence,
La beauté que j'encense,
Avec impatience,
En son logis m'attend.
Pour me guider près d'elle,
La soubrette fidèle
Chez moi fait sentinelle ;
Ah ! partons à l'instant.
LE MARQUIS.
Aux ordres que je donne
Nul ne doit résister ;
Je le veux, je l'ordonne !
Vous allez répéter.
SAINT-PHAR, *bas aux chanteurs.*
Ne craignez rien,
Tout ira bien ;
Fidèle au plan que j'ai formé,
Que chacun soit très-enrhumé.
ALCINDOR ET CHOEUR, *à part.*
Ne craignons rien,
Tout ira bien.
Suivons le plan qu'il a formé,
Que chacun soit très-enrhumé.
SAINT-PHAR, *au marquis.*
Vous le voulez ; mais c'est par complaisauce ;
Je n'en puis plus, et pourtant je commence...
ROMANCE.
SAINT-PHAR.
Assis au pied d'un hêtre !
(*D'une voix enrouée.*)
D'un hêtre...
(*Au marquis.*)
Vous le voyez, c'est impossible,
J'éprouve une douleur horrible ;
J'ai le gosier en feu.
LE MARQUIS.
Mais essayez encore un peu.
SAINT-PHAR.
Je ne le puis, sur mon honneur !
LE MARQUIS.
C'est vraiment avoir du malheur ;
N'en parlons plus, passons au chœur.
ALCINDOR, *d'une voix chevrotante.*
En vérité, c'est impossible ;
Aucun de nous ne peut chanter...

Renoncez-y ; on ne peut répéter.
(*Il tousse, tous les choristes en font autant.*)
LE MARQUIS.
Ah ! quel malheur pour mon amour !
Que dira madame Latour ?
SAINT-PHAR, *vivement.*
Que parlez-vous de madame Latour ?
LE MARQUIS.
De ce logis c'est la maîtresse !
SAINT-PHAR, *à part.*
Quoi ! la beauté que j'aime avec ivresse
Habite ce château ! je n'en puis revenir !
Et, pour la retrouver, moi qui voulais partir !
Réparons notre maladresse,
Et faisons tout pour rester en ces lieux.
(*Au marquis et aux comédiens qui vont pour
sortir.*)
Attendez... je ne sais... mais je me trouve mieux.
LE MARQUIS.
Se pourrait-il ?
SAINT-PHAR.
Ma voix est revenue...
Elle a même repris toute son étendue.
ALCINDOR, *bas à Saint-Phar.*
Toi qui voulais partir...
SAINT-PHAR, *de même.*
Je vous dirai pourquoi.
(*Haut.*)
Pour en juger, écoutez-moi.
ROMANCE.
1er Couplet.
Assis au pied d'un hêtre,
On me voit tous les jours,
Sur ma flûte champêtre,
Soupirer mes amours.
Viens, ô ma tourterelle !
Ton tourtereau t'appelle :
Pourquoi fuis-tu toujours ?
2e Couplet.
En vain dans la prairie,
Tous les matins j'accours ;
Ah ! de ma triste vie,
Il faut trancher le cours.
Viens, ô ma tourterelle !
Ton tourtereau t'appelle ;
Pourquoi fuis-tu toujours ?
LE MARQUIS.
Bravo ! bravo ! c'est admirable !
(*Aux chanteurs.*)
Puisqu'on se montre enfin traitable,
A mon tour, je veux être aimable :
Venez, venez vous mettre à table.
TOUS.
A table ! à table !
ALCINDOR.
A vos ordres toujours soumis,
Je vous suis, monsieur le marquis.
TOUS.
A table ! à table !
Le vin donne au chanteur
Et du charme te de la vigueur.
A table ! à table !
(*A l'exception de Saint-Phar, ils sortent tous.*)

SCENE V.

SAINT-PHAR, *puis* ALCINDOR.

SAINT-PHAR, *seul.* Elle est ici !.. ma
charmante conquête habite ce château !...
et j'allais le fuir ! comment n'ai-je pas de-

viné cela?.. il faut qu'à l'instant même...

ALCINDOR, *revenant*. Dis donc, Chapelou, Saint-Phar, je...

SAINT-PHAR, *avec fierté*. Monsieur Alcindor... vous ne pourrez donc jamais vous habituer à m'appeler Saint-Phar.. hein?... de Saint-Phar !

ALCINDOR. Si... de Saint-Phar-Chapelou... non, de Chapelou-Saint-Phar...

SAINT-PHAR. Au surplus, qu'as-tu à me dire? voyons, laisse-moi... va-t'en... va-t'en.

ALCINDOR. Va-t'en... qu'est-ce que c'est que ce ton-là? dis donc, je ne suis pas ton domestique... je soigne tes costumes, je vernis tes souliers, et je fais tes commissions, c'est vrai ! tu me donnes douze livres par mois, c'est encore vrai !.. mais ce sont des gages... d'amitié, entends-tu, Saint-Phar-Chapelou?

SAINT-PHAR. Va-t'en, te dis-je...

ALCINDOR. En quittant Lonjumeau pour venir partager ton bonheur, j'ai voulu être artiste comme toi, et je suis artiste... coryphée au grand Opéra, sous le gracieux nom d'Alcindor... je joue les Borée et les vents... je suis un aquilon ordinaire du roi... entends-tu, Chapelou-Saint-Phar?.. mais voilà comme vous êtes, vous autres premiers sujets, vous traitez les pauvres choristes du haut de votre grandeur... qu'est-ce que c'est que ça? m'as-tu seulement entendu, pour juger de ma voix et de mon talent? Je suis l'homme des nuances... je suis plein de nuances.

AIR.

Oui, des choristes du théâtre,
Je suis vraiment la fine fleur :
De ma voix on est idolâtre,
Quand on m'entend chanter en chœur :
    Marchons,
    Frappons,
    Combattons,
    Jurons,
    Chantons,
    Buvons,
    Dansons,
Et gai, gai, gai, rions.
    Chantons,
    Buvons,
    Dansons,
    Marchons,
    Jurons,
    Frappons.

Si je représente un zéphire,
Ma voix vole légèrement :
Ah, ah, ah, ah, ah, ah, ah, ah !
Si c'est en fleuve qu'on m'admire,
Ma voix roule comme un torrent :
Ah, ah, ah, ah, ah, ah, ah, ah !
Faut-il, assis dans la prairie,
Charmer les nymphes par mes chants :
Ah, ah, ah, ah, ah, ah, ah, ah !
Des habitans de l'Arcadie,

Faut-il prendre les doux accens :
Ah, ah, ah, ah, ah, ah, ah, ah !

Oui, des choristes du théâtre,
Je suis vraiment la fine fleur ;
De ma voix on est idolâtre,
Quand on m'entend chanter en chœur :
    Marchons,
    Frappons, etc.

SAINT-PHAR. Qui te dit que tu n'es pas la fine fleur des choristes?.. mais sache donc que si je désire rester seul, c'est que, d'un moment à l'autre, je m'attends à la voir, à lui parler.

ALCINDOR. A qui?

SAINT-PHAR. A madame Latour... tu ne sais donc pas que je suis chez elle?.. En l'apprenant, Alcindor, ça m'a causé un trouble, une émotion...

ALCINDOR. De l'émotion!.. toi... laisse-moi donc tranquille, voleur de cœurs, flibustier de Cythère.

SAINT-PHAR. Ah ! c'est que cette femme-là n'est pas comme toutes les autres. Je jouais *Castor*... à la fin du grand duo... au moment où j'embrasse *Pollux*... je m'arrête court... qu'est-ce que je vois... aux avant-scènes?.. Madelaine !

ALCINDOR. Ta femme ! oh !

SAINT-PHAR. Non, Mme Latour.

ALCINDOR. Ah !

SAINT-PHAR. C'est une ressemblance !.. enfin, c'est Madelaine, mais Madelaine en beau ! Je lui lance des œillades meurtrières, et, pendant un mois, elle ne manque pas une seule représentation... me regardant toujours avec un air et des yeux... bientôt je risque un poulet; on daigne y répondre, et une tendre correspondance s'établit entre nous. Mon dernier billet sollicitait un rendez-vous... pas de réponse... j'aurais pu me présenter chez ma belle, si j'avais connu sa demeure... juge de ma joie, de mon bonheur... c'est ici, où je suis venu à regret, que je la retrouve.

ALCINDOR. Je te connais, tu vas achever de la séduire avec tes roucoulades.

SAINT-PHAR. Ah ! mon cher, quel puissant auxiliaire que la musique pour surprendre le cœur des femmes ! on est tous deux là, près du clavecin.... les accords préparent l'ame aux douces sensations... les regards se rencontrent... joins à cela une physionomie agréable, une tournure assez distinguée... comment demeurer insensible quand je leur chante en *la* :

Ah ! cédez à mes vœux !

On hésite... je passe en *si* :

Ah ! cédez à mes vœux !

On fait la cruelle... je pousse jusqu'à l'*ut*.

Ah! cédez à mes vœux!

On ne peut pas résister à un *ut*.

ALCINDOR. Il faudrait être sourd (*Chantant*) Ut!

SAINT-PHAR, *regardant au fond, à gauche.* Je ne me trompe pas.. c'est elle! dans ce jardin.

ALCINDOR, *regardant aussi.* C'est vrai! il y a de ta femme là-dedans.

SAINT-PHAR.. Elle se dirige vers ce pavillon... Alcindor... laisse-moi... je t'en prie!

ALCINDOR. A la bonne heure! voilà qui est parler!.. je te laisse.. dis donc... si elle résiste, va jusqu'à l'*ut*... *ut*.

(Il s'échappe par le fond, à droite, au moment où Madelaine entre par la gauche.)

ooooooooooooooooooooooooooooooooooooooo

SCENE VI.
SAINT-PHAR, MADELAINE.

DUO.

SAINT-PHAR.
Grâce au hasard, je puis, madame,
Vous peindre ici ma vive flamme;
Non, non, jamais une autre femme
Ne m'embrasa si promptement.
MADELAINE, *à part.*
C'est lui, c'est l'infidèle!
Quel trouble en le voyant!
SAINT-PHAR, *à part.*
Que je la trouve belle!
Ah! quel moment charmant!
(*Haut, s'approchant.*)
Je vous aime, je vous adore!
Passer ma vie auprès de vous
Serait, je vous le jure encore,
Un esclavage des plus doux.
MADELAINE, *jouant l'embarras.*
Ayez pitié de ma faiblesse,
Cessez tout propos séducteur;
Et, par une vaine promesse,
N'abusez pas mon pauvre cœur.
SAINT-PHAR, *à part.*
Pour captiver et pour séduire
Celle dont je suis amoureux,
Ayons recours, dans mon délire,
A mon moyen toujours heureux.
(*Haut, avec tendresse.*)
Que votre cœur daigne m'entendre;
Ah! cédez à mes vœux!
MADELAINE.
Monsieur, je ne puis vous comprendre.
SAINT-PHAR.
Ah! cédez à mes vœux!
MADELAINE.
Non, malgré votre voix si tendre...
SAINT-PHAR.
Ah! cédez à mes vœux!

ENSEMBLE.
MADELAINE.
Non, je ne puis croire à vos feux.
SAINT-PHAR.
Par pitié, cédez à mes vœux!

ENSEMBLE.
Auprès de ce qu'on aime,
Ah! quel bonheur extrême
De voir couler ses jours!
Toujours même tendresse...
MADELAINE.
Toujours la même ivresse...
ENSEMBLE.
Voilà, voilà sans cesse
Quels seraient nos amours.
SAINT-PHAR, *d'un air tragique.*
Ah! si vous repoussez mes vœux,
Si mon espérance est trompée,
De la pointe de mon épée
Je vais me percer à vos yeux...
(*Il tire son épée.*)
MADELAINE, *l'arrêtant.*
Arrêtez, arrêtez; hélas!
Que dirait la foule idolâtre?
Que deviendrait votre théâtre?..
Il mourrait de votre trépas!
SAINT-PHAR, *remettant son épée dans le fourreau.*
Cette idée arrête mon bras...
Et pour mon directeur, je ne me tuerai pas...
(*Avec transport.*)
Ah! croyez à mon ardeur,
A ma constante flamme;
Daignez faire ici mon bonheur,
En acceptant mon cœur.
MADELAINE.
Non, je ne puis croire encor
A votre vive flamme;
Je crains, hélas! votre transport;
Plaignez, plaignez mon sort.
SAINT-PHAR.
Oui, je vous aime, et pour l'éternité...
MADELAINE.
L'éternité!.. c'est bien long... prenez garde!
SAINT-PHAR.
Quoi! vous doutez de ma fidélité?
Ah! ce doute me poignarde!
MADELAINE.
J'ai peur de ces beaux sermens-là:
On en fait tant à l'Opéra!

ENSEMBLE.
MADELAINE.
Je crains votre vive ardeur,
Votre inconstante flamme;
Pour mon repos, pour mon bonheur,
Je veux garder mon cœur.
SAINT-PHAR.
Ah! partagez mon transport,
J'en jure sur mon ame:
Vous aimer jusqu'à la mort,
Voilà, voilà mon sort.

(*Saint-Phar se jette aux genoux de Madelaine. Alcindor paraît par le fond.*)

ooooooooooooooooooooooooo ooo ooo ooo ooo ooo

SCENE VII.

LES MÊMES, ALCINDOR, *une lettre à la main.*

MADELAINE. On vient!.. (*A part avec étonnement.*) C'est Biju!..

SAINT-PHAR, *à part, en se relevant.* Misérable Alcindor!

ALCINDOR, *d'un ton goguenard.* Pardon! pardon! je vous dérange... vous étiez en affaires. (*Bas à Saint-Phar.*) Coquin , tu en étais à l'*ut*.

SAINT-PHAR. Madame, rassurez-vous... c'est mon intendant... un ancien ami de collége.

ALCINDOR, *avec fatuité.* Oui... nous avons été-z-au collége ensemble.

SAINT-PHAR , *bas à Alcindor.* Pourquoi venir me relancer , maraud ?

ALCINDOR, *bas.* C'est une lettre pressée qu'on vient d'apporter de Fontainebleau , et que Mlle Rose , la jolie suivante , m'a remise pour toi.

SAINT-PHAR , *à Madelaine.* Madame , vous permettez que devant vous... (*Regardant la suscription de la lettre*) de Madelaine ! quel contre-temps !

MADELAINE, *à part.* Rose a bien fait de la remettre à Biju. (*Haut à Saint-Phar.*) Mais qu'avez-vous? vous paraissez troublé? Est-ce que cette lettre...

SAINT-PHAR. C'est un bulletin de répétition.

MADELAINE. Vous cherchez à me tromper ! je suis sûre que c'est un billet d'amour.

SAINT-PHAR. Une lettre d'amour?.. dis donc, Alcindor, une lettre d'amour.....

ALCINDOR. Madame veut goguenarder !..

MADELAINE. Eh bien ! Saint-Phar, pour me rassurer, lisez ce billet tout haut.

SAINT-PHAR. Mais, madame , il est inutile...

MADELAINE. Remettez-le-moi... Vous refusez... je le prends.

(*Elle lui arrache le billet des mains.*)

SAINT-PHAR , *bas à Alcindor.* Je crois que je vais me trouver mal.

MADELAINE. En voilà bien long pour un bulletin de répétition ! (*Lisant :*) « Lon-« jumeau , 6 mai 1766. Depuis trois mois « je t'écrivons tous les jours que Dieu fait, « et tu donnes pas réponse à moi, qui te « garde mon cœur, depuis dix ans , et qui « te pleure comme une Madelaine que je « suis. C'est la dernière fois que je t'écri-« vons, car t'as pas pitié d'une femme « qui t'adore. Ta légitime ,

« MADELAINE BIROTTEAU. »

Vous êtes marié ! ! !

SAINT-PHAR. Moi! marié ! quelle horreur!.. comment ! vous ne voyez pas, madame, que c'est une mystification; que quelqu'un, jaloux de mon bonheur, aura imaginé ce vieux tour de comédie pour désunir deux tendres cœurs faits pour s'aimer... Je ne connais pas plus cette Madelaine Barotteau... Mirotteau...

ALCINDOR , *à part.* En voilà de l'aplomb !

SAINT-PHAR, *feignant de s'attendrir.* Et vous ajoutez foi à une si basse calomnie ! Allez, madame, vous ne m'aimez pas ! (*Il pleure*) vous ne m'aimez pas ! (*il sanglotte*) vous ne m'aimez pas !

ALCINDOR , *pleurant aussi.* Non , vous ne nous aimez pas !

SAINT-PHAR, *bas à Alcindor.* Finis donc... tu es trop laid quand tu pleures.

MADELAINE. Saint-Phar , je ne sais si vous dites la vérité , mais vos larmes me touchent !.. mes soupçons vous offensent, dites-vous !.. mettez-vous à ma place , et jugez si je ne dois pas être effrayée...

SAINT-PHAR , *avec explosion.* Quelles preuves voulez-vous de ma sincérité ?.. parlez.

MADEDAINE, *à part.* Y consentira-t-il?.. (*Haut.*) Sans cette circonstance , je vous eusse caché encore que mon seul bonheur serait de vous voir accepter ma fortune et ma main !

ALCINDOR , *bas à Saint-Phar.* Tire-toi de là si tu peux.

SAINT-PHAR , *tombant aux genoux de Madelaine.* Ah ! madame, pardonnez à mon trouble... l'ivresse où vos paroles me jettent... tant de félicité... Oui, madame, aujourd'hui même... à l'instant , les liens les plus fortunés vont nous unir.

ALCINDOR , *à part.* Nous nous perdons !

MADELAINE. Eh bien ! je vais avertir un chapelain qui demeure près d'ici , et dans la chapelle de ce château...

SAINT-PHAR. Oh ! non , non , madame; permettez que je vous présente moi-même celui qui bénira notre heureuse union ; c'est un vénérable pasteur qui a pris soin de mon enfance... il est exempt de préjugés... un autre ferait peut-être des difficultés pour marier un comédien, et je ne voudrais pas, pour ma vie entière, retarder mon bonheur d'un seul jour !

MADELAINE. Vous avez maintenant le droit d'ordonner ici... allez, Saint-Phar, prévenir le saint homme... moi, pendant ce temps, je vais faire avertir quelques bons amis du voisinage ; ils nous serviront de témoins... au revoir, mon ami.

SAINT-PHAR , *lui baisant la main.* Pour la vie !.. pour la vie.

MADELAINE, *à part, sortant.* Tu me le paieras !

SCÈNE VIII.

SAINT-PHAR, ALCINDOR, *puis* LE MARQUIS.

SAINT-PHAR, *riant aux éclats*. Ah! ah! ah! pauvres femmes! ah! ah!

ALCINDOR. Tu ris! tu ris! sans cœur! Certes, je suis aussi perfide que vous avec le beau sexe; j'ai bien des reproches à me faire, j'ai fait couler bien des larmes; mais mon genre de perfidie n'est pas défendu par les lois, et ce que vous allez faire sent la corde d'une lieue.

SAINT-PHAR, *riant*. Ah ça! es-tu fou?

(*Le marquis paraît au fond et les écoute.*)

ALCINDOR. Je ne veux plus vous fréquenter; je ne veux pas être lié toute ma vie avec un homme qui sera pendu demain!

LE MARQUIS, *à part*. Que complotent-ils là?

SAINT-PHAR. Imbécile! n'étais-tu pas au foyer de l'opéra lorsque notre camarade Jéliote nous a raconté ce bon tour qu'il a joué à une coquette qui le faisait languir?

ALCINDOR, *vivement*. Et tu vas le renouveler avec Mme de Latour. Ah! Chapelou, tu es mon maître en l'art de plaire!

(*Il lui baise le pan de l'habit.*)

LE MARQUIS, *à part*. Qu'entends-je!

SAINT-PHAR. Mais il me faudrait quelqu'un d'intelligent...

ALCINDOR, *l'interrompant*. J'ai l'homme qu'il te faut... un de nos coryphées, un nouveau que tu ne connais pas... Bourdon... une tête superbe!...

SAINT-PHAR. Va vite le chercher! et choisis dans mes costumes tout ce qu'il te faudra... moi, je vais rejoindre les camarades... il faut bien que je leur annonce mon prochain mariage... ah! ah! ah!

(*Il sort en riant.*)

ALCINDOR, *riant aussi*. Oh! les femmes, les femmes!... comme nous les abusons!

(*Il se sauve par le fond.*)

SCÈNE IX.

LE MARQUIS, *puis* MADELAINE, *puis* ROSE.

LE MARQUIS, *seul*. Dieu soit loué!... j'ai tout entendu et tout compris!... quel infernal complot!... si mon étoile ne m'a-vait amené ici, la beauté que j'encense allait devenir la proie de ce Saint-Phar!. C'est égal, il paraît que l'ingrate me préfère un homme du peuple; elle me trompait!... oh! femme perfide!.. femme artificieuse... femme...

MADELAINE, *entrant, et sans avoir vu le marquis*. Pardon, Saint-Phar, si... (*à part*) le marquis!

LE MARQUIS, *avec ironie*. Ce n'est pas moi que vous cherchiez?

MADELAINE. J'avoue...

LE MARQUIS. Ah! belle inhumaine!... si je n'étais pas aussi magnanime, je vous le laisserais épouser, votre Saint-Phar!...

MADELAINE. Comment? vous savez?...

LE MARQUIS. Oui, tout-à-l'heure, j'ai entendu Saint-Phar et Alcindor parler de cette espèce de mariage...

MADELAINE. Une espèce? ce sera bien un mariage véritable!

LE MARQUIS. Mais demain quelle mystification!

MADELAINE. Expliquez-vous, je ne comprends pas.

LE MARQUIS. Apprenez que ce Saint-Phar se joue de votre crédulité et de votre réputation... il veut renouveler aujourd'hui l'aventure de la marquise de Vaudrey et du chanteur Jéliotte... le pasteur qui doit recevoir vos sermens et bénir votre union n'est autre qu'un vil coryphée, qui joue les fleuves et les fontaines à l'Opéra.

MADELAINE. Oh! je ne puis croire.....

LE MARQUIS. Je vous jure avoir entendu...

MADELAINE. Monsieur le marquis, combien je vous remercie!.. (*A part.*) Les imbéciles sont parfois bons à quelque chose; sans le marquis mon plan allait échouer... (*Haut.*) Marquis, m'aimez-vous toujours?

LE MARQUIS. Vous en doutez!.. je n'ai plus qu'à me percer d'outre en outre.

MADELAINE. Il faut que nous trouvions une vengeance...

LE MARQUIS, *se dessinant avec fatuité*. Mais... la voici, la vengeance...

MADELAINE, *à part, après avoir réfléchi*. Oui, c'est bien cela...

ROSE, *entrant*. Madame, les personnes que vous avez invitées vous attendent dans le salon...

MADELAINE. Je vais aller les retrouver!.. toi, Rose, ne perds pas une minute... cours chercher le père Anselme, le chapelain qui demeure ici près... conduis-le secrètement dans la chapelle.

LE MARQUIS, *avec joie*. Ah! je comprends!.. c'est pour moi...

MADELAINE, *à Rose, bas.* Que la chapelle soit obscure, bien obscure... J'ou-
bliais... pendant que nous y serons, si Alcindor, accompagné d'un étranger, revient au château, fais en sorte qu'ils ne
puissent pas arriver jusqu'à nous avant la
fin de la cérémonie. Va, cours. (*Rose sort.*)
Vous, monsieur le marquis, veuillez m'attendre... je vais rejoindre nos amis... et
c'est d'ici que nous partirons pour aller à
la chapelle...

LE MARQUIS, *la reconduisant.* Ah! je
suis le plus heureux des hommes et des
marquis! (*Il lui baise la main, elle sort.*)
Enfin, je puis donc espérer que bientôt...

SCENE X.
LE MARQUIS, SAINT-PHAC, Comédiens.
FINAL.

CHOEUR DES COMÉDIENS.
Ah! quelle étonnante nouvelle!
Sur toi vont pleuvoir les honneurs;
L'amour qu'a pour toi cette belle
T'élève au rang de nos seigneurs,

SAINT-PHAR, *avec fatuité.*
Ma belle enfin va couronner ma flamme;
Mais au sein des grandeurs je ne veux pas changer;
Avec vous, mes amis, je veux tout partager:
Plaisirs, richesses, honneurs, tout... excepté ma
    Je veux qu'on chérisse   [femme.
    Mon règne nouveau:
    A vous mon office,
    A vous mon château!
    A vous mes chaumières,
    A vous mon cellier,
    A vous mes fermières,
    A vous mon gibier.

CHOEUR DES COMÉDIENS.
Il veut qu'on chérisse
Son règne nouveau:
    A nous son office,
    A nous son château!
    A nous ses chaumières,
    A nous son cellier;
    A nous ses fermières,
    A nous son gibier!

LE MARQUIS, *à part.*
Au dénouement Saint-Phar ne s'attend guères,
Mais rira bien qui rira le dernier.
(*Haut à Saint-Phar.*)
    Mon cher, que je vous félicite!

SAINT-PHAR.
A ma noce je vous invite;
Soyez ici comme chez vous,
Et répétez, répétez avec nous:

ENSEMBLE.
SAINT-PHAR.
Je veux qu'on chérisse
Mon règne nouveau:
    A vous mon office,
    A vous mon château!
    A vous mes chaumières,
    A vous mon cellier;
    A vous mes fermières,
    A vous mon gibier!

CHOEUR.
Il veut qu'on chérisse
Son règne nouveau:

    A nous son office,
    A nous son château!
    A nous ses chaumières,
    A nous son cellier;
    A nous ses fermières,
    A nous son gibier!

SAINT-PHAR, *aux comédiens.*
J'entends ma femme, pas si haut;
Ayons l'air de gens comme il faut.

CHOEUR DES COMÉDIENS.
Le plus doux mariage
Va combler tous leurs vœux,
Un bonheur sans nuage
Les attend tous les deux.

SAINT-PHAR.
Pas si haut, pas si haut;
Ayons l'air de gens comme il faut.

SCENE XI.
LES MÊMES; MADELAINE, Invités.

CHOEUR DES INVITÉS.
Le plus doux mariage
Va combler tous leurs vœux;
Un bonheur sans nuage
Les attend tous les deux.

MADELAINE.
Le pasteur arrive à l'instant.
Il nous attend à la chapelle.

SAINT-PHAR, *à part.*
Biju s'est montré plein de zèle!

LE MARQUIS, *à part.*
Je touche au fortuné moment;
Pour moi, quel sort plein de douceur!

MADELAINE, *aux invités.*
Permettez que je vous présente
Celui qui sut toucher mon cœur.

LE MARQUIS, *à part, avec joie.*
C'est moi!.. combien elle est charmante!

MADELAINE.
Mon mari, mon cher mari,
Mes amis, le voici.
    (*Elle présente Saint-Phar.*)

LE MARQUIS, *atterré.*
O ciel! je suis anéanti.
    (*Il tombe dans un fauteuil.*)

SAINT-PHAR.
Heureux Saint-Phar, je serai son mari!

MADELAINE, *à part.*
Je vais donc me venger de lui.

CHOEUR.
Bientôt il sera son mari.
    (*On entend le son d'une cloche.*)

MADELAINE.
C'est la cloche de la chapelle;
Au bonheur elle nous appelle.
    Allons,
    Partons.

CHOEUR.
C'est la cloche de la chapelle;
Au bonheur elle nous appelle.
    Allons,
    Partons.

(Saint-Phar offre la main à Madelaine et sort avec
elle; les invités les suivent; le marquis sort furieux par la gauche; les comédiens, quand tout
le monde est parti, s'approchent du guéridon à
droite, où un domestique vient de poser un pla-
teau chargé de bouteilles et de verres de vin de
Champagne. Ils se versent à boire et redescendent
la scène en désordre, en buvant et en trinquant.)

CHOEUR DES COMÉDIENS.
Ils sont partis !
Maintenant, mes amis,
Jusqu'à demain ,
Le verre en main ,
Répétons ce joyeux refrain :
Il veut qu'on chérisse
Son règne nouveau :
A nous son office ,
A nous son château !

A nous ses chaumières ,
A nous son cellier ;
A nous ses fermières,
A nous son gibier.
(Criant en levant leurs verres.)

Vive Saint-Phar ! vive Saint-Phar !
(La toile baisse sur ce tableau très-animé.)

FIN DU DEUXIÈME ACTE.

ACTE TROISIEME.

Une chambre nuptiale. Au fond, la porte d'entrée ; à droite, un lit élégant, avec rideaux , etc ; du même côté, une petite porte ; sur le premier plan, à gauche, une autre porte ; du même côté, un guéridon sur lequel sont deux flambeaux allumés. A droite, un fauteuil.

SCENE PREMIERE.

LE MARQUIS , *entrant par la gauche , dans la plus grande agitation.*

La colère me suffoque... J'erre comme un fou dans cette maison , sans savoir où je porte mes pas... Où suis-je ? (*Regardant autour de lui.*) Dans la chambre nuptiale !.. C'est le coup de grâce !.. Perfide madame de Latour ! me préférer un Saint-Phar... et je ne puis me venger !

SCENE II.

LE MARQUIS, ALCINDOR, BOURDON, *portant un paquet sous son bras et entrant par le fond.*

ALCINDOR. Saint-Phar... Saint-Phar !.. où est-tu donc, Saint-Phar ?.. nous te cherchons partout.., Ah! vous voilà, monsieur le marquis... (*A Bourdon.*) Allons , l'ami, vite à ta toilette...

LE MARQUIS. Eh! c'est inutile... madame de Latour sait tout.

ALCINDOR , *étonné.* Elle sait tout ?

LE MARQUIS. Loin de se fàcher , elle pardonne à Saint-Phar... et ils se marient.

ALCINDOR, *vivement.* Sans prêtre ?..

LE MARQUIS. Rose en a amené un véritable... ils sont dans la chapelle, et Saint-Phar s'engage pour la vie... sans s'en douter...

ALCINDOR, *bouleversé.* Comment !.. Saint-Phar ne sait pas que c'est un véritable... Courons empêcher...

LE MARQUIS. D'où vient cet effroi ?

ALCINDOR. Mais Saint-Phar est marié !.. Madelaine sa femme vit encore !.. il en a reçu une lettre aujourd'hui même.

LE MARQUIS , *avec joie.* Il serait possible !

ALCINDOR. M. le marquis, courons vite... (*On entend la cloche de la chapelle.*) Il n'est plus temps... le crime est consommé !..

LE MARQUIS. Ah ! je serai vengé ! Coquin de Saint-Phar , tu seras pendu !.. et vous aussi qui êtes ses complices...

ALCINDOR. Que faire ?.. mon Dieu !.. que faire ?..

LE MARQUIS , *à part.* Comment les retenir ? (*Frappé d'une idée.*) Ah ! j'ai pitié de vous. (*Désignant la petite porte à droite.*) Entrez dans cette galerie... vous trouverez une porte qui vous conduira dans la campagne.

ALCINDOR , *à Bourdon.* Viens ! viens vite, Bourdon.

(Ils entrent dans le cabinet à droite.)

LE MARQUIS, *fermant sur eux la porte, et mettant les verroux.* Vivat! en voilà déjà deux de pris! sortez de là, si vous pouvez ; maintenant , courons chercher la maréchaussée... ne laissons rien paraître.

(Il va pour sortir par le fond et se rencontre avec la noce qui entre.)

SCENE III.

LE MARQUIS , SAINT-PHAR , MADELAINE , INVITÉS , DOMESTIQUES.
MORCEAU.
CHOEUR.
Du vrai bonheur,
Que votre cœur
Sans alarmes ,
Goûte les charmes !
Seuls, en ces lieux,
Restez tous deux.
Au revoir,
Bonsoir.
MADELAINE , *aux invités.*
Mes amis, je vous remercie.
(*A part, regardant Saint-Phar.*)
Tout va bien ,

Car il ne soupçonne rien.

SAINT-PHAR, *riant, à part.*

Ah ! quel hymen de comédie !
Tout va bien,
Elle ne soupçonne rien.

LE MARQUIS, *à Saint-Phar, avec ironie.*

De grand cœur je vous félicite...

SAINT-PHAR.

Ah ! d'ivresse mon cœur palpite.

LE MARQUIS, *à part, avec menace.*

Dès demain, tu seras pendu !

(*Haut, saluant Saint-Phar.*)

Un tel honneur vous était dû.

(*Avec ironie.*)

ENSEMBLE.

Du vrai bonheur
Que votre cœur,
Sans alarmes,
Goûte les charmes !
Seuls, en ces lieux,
Restez tous deux.
Au revoir,
Bonsoir.

SAINT-PHAR, MADELAINE.

Du vrai bonheur
Que notre cœur,
Sans alarmes,
Goûte les charmes !
Seuls, en ces lieux,
Restons tous deux.
Au revoir,
Bonsoir.

CHOEUR.

Du vrai bonheur
Que votre cœur,
Sans alarmes,
Goûte les charmes !
Seuls, en ces lieux,
Restez tous deux.
Au revoir,
Bonsoir.

(Le marquis sort par le fond, en faisant encore un geste de menace à Saint-Phar ; il est suivi par les invités et les domestiques.)

SCENE IV.

SAINT-PHAR, MADELAINE, *puis* ROSE.

SAINT-PHAR. Enfin, nous voilà seuls !.. (*Prenant la main de Madelaine*) Ma femme ! ma chère femme !...

MADELAINE, *minaudant.* Mon mari !.. mon cher mari !..

SAINT-PHAR. J'aime beaucoup vos amis... ils sont fort bien élevés... ils sont partis tout de suite... nous sommes donc ensemble !.. oh ! nous ne nous quitterons jamais !...

MADELAINE. Oh ! non... jamais !.... (*Avec malice.*) Adieu, monsieur...

SAINT-PHAR, *étonné.* Comment, vous partez ?...

ROSE, *entrant par la gauche.* Tout est prêt pour le deshabillé de la mariée.

SAINT-PHAR, *avec tendresse.* Ah ! ne me faites pas trop long-temps attendre.

MADELAINE, *à part.* Tu m'as bien fait attendre dix ans, scélérat...

(Elle entre dans la chambre à gauche, suivie de Rose.)

SCENE V.

SAINT-PHAR, *seul.*

C'est vraiment une femme charmante que ma femme !.. quand elle saura... eh bien ! ça me fera de la peine... et je veux tâcher de retarder cet instant-là autant que possible... car je l'aime... je l'aime véritablement... je suis pris tout-à-fait...

AIR.

A la noblesse je m'allie,
Et je vais, au sein des grandeurs,
Passer la plus joyeuse vie,
Entouré de soins et d'honneurs.
Une dame de haut parage
Captive mon cœur enivré ;
Et pour lui plaire davantage,
Chaque jour je lui dirai :
Soyez toujours
Mes amours.
Près de vous, point de peines ;
Jamais mon cœur
Plein d'ardeur
Ne maudira ses chaînes ;
A vos attraits
Pour jamais
Je veux rester fidèle ;
A d'autres nœuds,
D'autres vœux,
Oui, je serai rebelle.
Croyez à mes tendres feux,
O ma toute belle !
Soyez toujours
Mes amours ;
Près de vous, point de peines ;
Jamais mon cœur
Plein d'ardeur
Ne maudira ses chaînes.

Soubrettes friponnes,
Fillettes mignonnes,
Si tendres, si bonnes,
Ne m'agacez plus !
Pour charmer mon âme
Vos regards de flamme
Seraient superflus ;
Car à l'objet de mon délire
Chaque jour je veux redire :
Soyez toujours, etc. etc.

Tout a réussi à merveille... impossible d'être mieux servi !.. Je n'ai pas vu Biju.. mais l'homme qu'il m'a amené a joué parfaitement son rôle... on dirait qu'il n'a fait que cela toute sa vie... (*On entend frapper à la petite porte de droite.*) Entrez !.. (*On frappe encore.*) Entrez !.. (*Allant pour ouvrir la porte.*) Qui diable peut venir me déranger ainsi ?..

SCENE VI.

SAINT-PHAR, ALCINDOR, BOURDON.

TRIO.

ALCINDOR.

Pendu !..

BOURDON.

Pendu !..

ALCINDOR.

Pendu !..

BOURDON.

Pendu !..

SAINT-PHAR.

Pendu ! pendu ! que dis-tu ?

ALCINDOR.

Pendu !

BOURDON.

Pendu !

SAINT-PHAR.

Pendu ?

ALCINDOR.

Pendu !

SAINT-PHAR.

A la fin je me lasse ;
D'où te vient cet effroi ?

ALCINDOR.

Ah ! c'est le coup de grâce !
Hélas ! c'est fait de moi.

SAINT-PHAR.

Explique-toi.

ALCINDOR.

Devines-tu ?

SAINT-PHAR.

Mais réponds donc !

ALCINDOR.

Pendu !

BOURDON.

Pendu !

SAINT-PHAR.

Pendu ?

ALCINDOR.

Pendu !
Ce diable de marquis
Tous deux, en ce logis,
Nous avait mis sous clé ;
Tu me vois accablé.

SAINT-PHAR.

Mais dis-moi donc...

BOURDON.

Sauvons-nous vite !

SAINT-PHAR.

Explique-toi...

ALCINDOR.

Prenons la fuite !

SAINT-PHAR.

Mais pourquoi cet air effrayé ?

ALCINDOR.

Fuis !.. la justice te réclame...

BOURDON.

Un vrai prêtre t'a marié !

ALCINDOR.

Je suis venu trop tard, et tu n'es qu'un bigame !

TOUS TROIS.

Un bigame ! ! !

ALCINDOR, *tremblant.*

Maintenant, comprends-tu ?

SAINT-PHAR, *de même.*

Mais pour ce crime-là, quoi ! je serais...

ALCINDOR.

Pendu !

BOURDON.

Pendu !

SAINT-PHAR.

Pendu !

ALCINDOR.

Pendu !
Si l'on vient nous prendre,
Nous sommes perdus,
Et, sans plus attendre,
Nous serons pendus.

BOURDON.

Au lieu de nous plaindre,
Vite il faut partir ;
On peut nous atteindre,
Hâtons-nous de fuir.

SAINT-PHAR, *tombant sur un fauteuil.*

Non, je ne puis m'enfuir ;
Je me sens défaillir.

ALCINDOR *et* BOURDON.

Reviens à toi !

SAINT-PHAR.

Non, laisse-moi.

ALCINDOR *et* BOURDON.

Alors, ma foi,
Chacun pour soi.
(*A Saint-Phar.*)
Viens...

SAINT-PHAR.

Non... Pendu !..

BOURDON.

Pendu !

ALCINDOR.

Pendu !

TOUS TROIS.

Pendu !

(*Alcindor et Bourdon se sauvent par le fond.*)

SCENE VII.

SAINT-PHAR, *seul, revenant un peu à lui.*

Ils sont partis... je n'ai pas la force de les suivre... j'entends marcher... c'est sans doute ma seconde femme qui revient.. oui, j'ai bien le cœur à la joie... je dois faire un beau mari dans ce moment-ci...

SCENE VIII.

SAINT-PHAR, MADELAINE, *vêtue en paysanne, comme au premier acte. Elle entre par la droite et prend les deux flambeaux qui sont sur la table à gauche, comme pour éclairer Saint-Phar en le conduisant.*

MADELAINE, *avec le ton paysan.* M'sieur le marié, ma maîtresse m'a dit de vous dire...

SAINT-PHAR, *la regardant.* Madelaine ! ! !

MADELAINE, *laissant tomber les flambeaux.* Chapelou ! ! ! (*Nuit complète.*) C'est donc toi qu'es le marié ! Pas content de planter là ta première femme, t'en épouse une autre.

SAINT-PHAR, *à voix basse.* Voyons, Madelaine, ne crie pas, je vais t'expliquer...

MADELAINE, *feignant de pleurer.* Qui m'aurait dit qu'en entrant ce matin ici en qualité de domestique, je te trouverais en train d'épouser... Mais ça ne se passera pas comme ça !.. je vais aller chercher la justice !

SAINT-PHAR, *tremblant.* Chut !.. Madelaine, si tu m'aimes encore, ne crie pas...

MADELAINE. Si ! si ! il y a assez longtemps que je pleure ! maintenant je veux crier.

SAINT-PHAR. Voyons.. est-ce que je ne suis plus ton petit Chapelou, que tu aimais tant ?

MADELAINE, *criant toujours.* V'là que tu me calines à présent, mais ça ne prend plus.

SAINT-PHAR. Plus bas! plus bas!.. songe donc que je suis perdu si l'on découvre...

MADELAINE. C'est ça ! je vas te laisser avec ta nouvelle épouse... je te chéris trop pour ça !.. j'aime encore mieux que tu sois pendu !.. et tu le seras !

SAINT-PHAR, *à part.* Ah ! mon Dieu ! l'autre qui peut entendre !... (*Haut.*) Voyons, Madelaine, écoute... je reconnais mes torts... je suis un misérable !.. mais je te donne ma parole d'honneur que demain je voulais aller te rejoindre pour ne plus te quitter ma vie entière...

MADELAINE. Tu veux encore te gausser de moi ! tu l'aimes trop ta madame de Latour !

SAINT-PHAR. Moi, je l'aime...une femme à prétentions, sans esprit , sans grâces... Elle n'avait qu'une chose pour elle... c'est qu'elle te ressemblait... mais , du reste , je ne peux pas la souffrir...

MADELAINE. C'est pas vrai , tu l'adores ! (*Feignant de pleurer.*) Ah ! ah ! ah !

SAINT-PHAR , *épouvanté.* Chut !.. chut !..

MADELAINE *passe du côté opposé, change tout-à-coup de voix, et reprend celle de madame de Latour.* Quel est donc ce bruit ?.. on se dispute ici?

SAINT-PHAR, *à part.* L'autre à présent !.. je voudrais être à cent pieds sous terre !..

MADELAINE (*Mme de Latour.*) Pas de lumière ! Est-ce vous, Saint-Phar ?

SAINT-PHAR. Je crois que oui , madame.

MADELAINE (*Mme de Latour.*) Mais n'êtes-vous pas avec quelqu'un?

SAINT-PHAR. Non , non , je ne crois pas.

MADELAINE. C'est moi... je l'ons retrouvé... je ne le quitte plus.

SAINT-PHAR, *allant à Madelaine.* Madelaine, je t'en conjure, tais-toi.

MADELAINE (*Mme de Latour.*) C'est ma nouvelle domestique !.. que faites-vous ici, Madelaine?

MADELAINE. Ce que je faisons? je veux pas qu'il reste ici...

MADELAINE (*Mme de Latour.*) Et pourquoi cela , Madelaine ?

MADELAINE. Parce que je suis sa femme aussi... l'ancienne... je suis la première inscrite... j'ai mon contrat dans la poche.

MADELAINE (*Mme de Latour.*) Ciel! est-il possible !

SAINT-PHAR, *à part.* Allons, voilà que ça va commencer !..

DUO-TRIO.

MADELAINE (*Mme de Latour.*)

A ma douleur soyez sensible...
Tâchez de vous justifier.

(*Elle reprend la voix de Madelaine.*)
Se justifier ! c'est impossible ;
Deux fois oser se marier....

MADELAINE (*Mme de Latour.*)
Ce matin, vous juriez encore
Que vous n'aviez aimé que moi...

MADELAINE.
Ah ! vous croyez qu'il vous adore ?
C'est un infâme, sur ma foi !
Il m'en jurait autant à moi ..

SAINT-PHAR.
Mesdames , calmez cette fureur !
Ayez pitié de mon malheur ;
Ah ! n'allez pas, par jalousie,
Me condamner au sort le plus affreux !
Egalement, toute la vie ,
Je vous chérirai toutes deux.

ENSEMBLE.

SAINT-PHAR , *à part.*
Ah ! c'en est fait, plus d'espérance !
Comment me soustraire au danger ?
Contre leur courroux , leur vengeance,
Rien ne saurait me protéger.

MADELAINE , *riant, à part.*
Ici, pour lui, plus d'espérance !
Il se croit dans un grand danger ;
Son châtiment enfin commence !
Quel bonheur! je peux me venger.
(*On entend frapper violemment au dehors.*)

MADELAINE , *à part.*
Mais qui frappe à cette heure chez moi ?

CHŒUR DE SOLDATS , *au dehors.*
C'est la garde! ouvrez , au nom du roi !

SAINT-PHAR.
C'est la garde ! hélas ! c'est fait de moi.

<hr>

SCENE IX.

Les Mêmes, LE MARQUIS, ALCINDOR et BOURDON *ramenés par des soldats de la maréchaussée ;* **un Exempt,** Do-**mestiques** *portant des flambeaux.*

CHOEUR.

Sans délai qu'on le saisisse !
Agissons avec rigueur ,
Et livrons à la justice
Ce coupable séducteur.

LE MARQUIS , *à l'exempt.*

Monsieur, gardez bien ce bigame...

(Montrant Alcindor et Bourdon.)

Ainsi que ces deux scélérats ;
Nous avons déjoué leur trame...
Tenez bien ! ne les lâchez pas !

SAINT-PHAR , *à part.*

Voici l'heure de mon trépas...

MADELAINE , *riant, à part.*

Pauvre Saint-Phar ! quel embarras!

ALCINDOR *et* **BOURDON ,** *à part.*

Voici l'heure de mon trépas...

(Reconnaissant Madelaine.)

Que vois-je ici !.. c'est Madelaine !
Sa première...

LE MARQUIS , *se frottant les mains.*

Ah! c'est excellent !
Mais la seconde?

MADELAINE , *montrant la porte de gauche, avec le ton paysan.*

Est là... se désolant ,
Comme s'il en valait la peine.

LE MARQUIS.

Pauvre victime ! ah ! je veux à l'instant
Calmer sa frayeur et sa peine...

(Entrant dans la chambre à gauche.)

Venez, madame, et ne craignez plus rien ;
Nous les tenons, et nous les tenons bien.

ENSEMBLE.

CHOEUR DES SOLDATS *et* **DOMESTIQUES.**

Sans délai qu'on les punisse !
Agissons avec rigueur,
Et livrons à la justice
Ce coupable séducteur.

MADELAINE.

Sans délai qu'on le punisse !
Agissez avec rigueur ,
Et livrez à la justice
Ce coupable séducteur.

SAINT-PHAR , *à part.*

Est-il un pareil supplice ?
Ce jour a fait mon malheur...
Me livrer à la justice !
Ah ! pour moi, quel déshonneur !

ALCINDOR.

Hélas ! je suis son complice ;
Est-il un pareil malheur ?

Me livrer à la justice !
Ah! pour moi , quel déshonneur !

BOURDON.

Hélas ! je suis leur complice ;
Est-il un pareil malheur ?
Me livrer à la justice !
Ah ! pour moi, quel déshonneur !

LE MARQUIS , *sortant de la chambre à gauche.*

Dans cet appartement je n'ai trouvé personne ,
Seulement ce billet...

TOUS.

Un billet !... je frissonne !

LE MARQUIS , *ouvrant le billet et lisant :*
« Saint-Phar, quand vous lirez cette lettre,
» toutes les recherches seront inutiles :
» Mme de Latour n'existera plus. »

TOUS.

Grand Dieu !

SAINT-PHAR.

Mourir pour moi... Ciel ! comme elle m'aimait!

(A Madelaine.)

Pourquoi n'as-tu pas fait comme elle ?

LE MARQUIS.

A la venger mettons tout notre zèle...

(A l'exempt et aux soldats, montrant Saint-Phar.)

Entraînez ce mauvais sujet !

(On va pour les saisir.)

MADELAINE , *les arrêtant, avec le ton paysan.*

Un instant! puisqu'on l'emmène ,
Je veux m'en aller avec lui...
Il est juste que Madelaine
Voie au moins pendre son mari.

LE MARQUIS.

Elle a raison... oui, qu'on l'emmène,
Car c'est un témoin précieux...

MADELAINE.

Un témoin... ah ! j'en vaux bien deux...
Ecoutez-moi ; je parlerai pour deux :

(Avec le ton de Madelaine.)

Point de grâce pour les bigames ;
Faut punir son crime odieux !

(Avec la voix de Mme de Latour.)

Eh ! messieurs, puisqu'il a deux femmes,
Ne pendez pas ce malheureux ;
Pour le punir encor bien mieux ,
Laissez-le vivre avec toutes les deux.

SAINT-PHAR , *dont l'étonnement a été en croissant.*

Qu'ai-je entendu ! surprise extrême !
Toutes les deux... c'était la même !

TOUS.

Qu'ai-je entendu ! surprise extrême !
Toutes les deux... c'était la même !

SAINT-PHAR , *se jetant aux pieds de Madelaine.*

Ah! quel bonheur inattendu !..
Mais cette fortune brillante...

MADELAINE , *le relevant.*

C'est l'héritage de ma tante.

TOUS.

Quel événement imprévu !

LE MARQUIS.

Ce n'en est pas moins un bigame ;
Comme tel il sera pendu !

MADELAINE, *riant.*

Non... épouser deux fois la même femme...
Ce crime-là n'est pas prévu.

(*Le marquis furieux sort par le fond, suivi des
soldats et de l'exempt.*)

MADELAINE, *à son mari.*

Près de ta Madelaine,
Maintenant plus de peine...

SAINT-PHAR.

Ah ! pour nous quel beau jour !
Soyons tout à l'amour.

MADELAINE.

(*Reprise de l'air de la ronde du premier acte.*)

Plus d'abandon, d'amour folâtre...

SAINT-PHAR.

Ah ! je t'en donne ici ma foi,

MADELAINE.

Tu me quittas pour le théâtre...

SAINT-PHAR.

Et je veux le quitter pour toi.

ENSEMBLE.

SAINT-PHAR , MADELAINE , ALCINDOR.

Puisqu'un double hymen $\left\{ \begin{array}{l} \text{nous} \\ \text{vous} \end{array} \right\}$ rassemble,
Aimons-nous en bon villageois ,
Et gaîment répétons ensemble
Nos joyeux refrains d'autrefois :
Oh! oh! oh! oh! qu'il était beau
Le postillon de Lonjumeau !...

CHOEUR.

Qu'il était beau
Le postillon de Lonjumeau !

FIN DU TROISIÈME ET DERNIER ACTE.

FIN.

IMPRIMERIE DE Vᵉ DONDEY-DUPRÉ, RUE SAINT-LOUIS, Nº 46, AU MARAIS.

MISE EN SCÈNE

DE LA SCÈNE VIII (IIIme ACTE).

MADELAINE, SAINT-PHAR.

(*Madelaine entre par la porte de gauche du public, prend les deux flambeaux qui sont sur la table, arrive jusque sur le devant du trou du souffleur, et dit :*)

Monsieur le marié, ma maîtresse m'a dit de vous dire...

SAINT-PHAR, *reclunt de deux pas et avec le plus grand effroi.* Madelaine !

MADELAINE, *laissant tomber les deux flambeaux, qui s'éteignent.* Chapelou !

(Nuit très-obscure.)

(*Criant très-fort.*) C'est donc toi qui es le marié !.. Pas content de planter là ta première femme, t'en épouses une autre !

SAINT-PHAR, *d'un ton suppliant, et cherchant, à tâtons, Madelaine, qu'il ne trouve qu'au bout d'un moment,* Voyons, Madelaine, ne crie pas... je vais t'expliquer...

MADELAINE, *feignant de pleurer.* Qui m'aurait dit, etc., etc.

(Aux mots : « *J'aime mieux que tu sois pendu, et tu le seras,* » Madelaine remonte la scène, marchant sur la pointe du pied en retenant son souffle, traverse par derrière Chapelou, et va gagner le fauteuil de droite pendant que son mari lui adresse toujours la parole à gauche. Ce n'est que lorsque Madelaine dit : « *Tu veux encore te gausser de moi,* » que Chapelou, entendant la voix de sa femme de l'autre côté, court à elle, toujours en voulant la calmer.)

2 MADELAINE. C'est pas vrai... tu l'adores... ah ! ah !

1 SAINT-PHAR, *prenant Madelaine par les bras et la faisant asseoir dans le fauteuil.* Chut ! chut !

MADELAINE, *se défendant et donnant des tapes sur les mains de Saint-Phar, en criant.* Ne me touche pas, ne me touche pas... Veux-tu bien me lâcher, monstre ?..

SAINT-PHAR, *se mettant à genoux contre le fauteuil et n'osant toucher Madelaine, qui se lève doucement, remonte la scène de droite à gauche et va gagner la porte par où elle est entrée d'abord.* Voyons, Madelaine, calme-toi ; je te jure que demain je retourne à Lonjumeau, avec Biju .. Tu ne sais pas ?.. Biju est ici, ce pauvre Biju ! nous avons souvent parlé de toi avec lui... Nous mangerons de la soupe aux choux... tu la fais si bien la soupe aux choux !... n'est-ce pas, tu ne veux pas que je sois pendu ?..

1 Mme DE LATOUR, *d'une voix très-douce.* Quel est donc ce bruit ?.. on se dispute ici.

2 SAINT-PHAR, *se relevant et faisant toujours signe à Madelaine, qu'il croit à sa gauche, de se taire.* L'autre à présent ! je voudrais être à cent pieds sous terre !..

Mme DE LATOUR. Pas de lumière !.. Est-ce vous, Saint-Phar ?

SAINT-PHAR, *même jeu.* Je... je... je... crois que... oui...

MADELAINE. N'êtes-vous pas avec quelqu'un ?

SAINT-PHAR. Tais-toi, tais-toi... (*Allant à Mme de la Tour.*) Madame, donnez-moi donc votre main...

(Pendant ce temps, madame de Latour a remonté la scène comme la première fois, et gagne le fauteuil.)

2 MADELAINE. C'est moi... Je l'ons retrouvé et je ne le quittons plus.

(A peine a-t-elle dit ces mots, qu'elle se hâte de reprendre le n° 1, tandis que Saint-Phar, aux paroles de Madelaine, s'empresse de venir à elle pour la calmer.)

2 SAINT-PHAR. Tais-toi donc, mais tais-toi donc, je t'en supplie...

1 Mme DE LATOUR. C'est ma nouvelle domestique... Que faites-vous ici, Madelaine ?.. (*Saint-Phar fait signe à Madelaine de se taire. Elle passe par-devant Saint-Phar pour aller trouver Madelaine.*) Mais répondez donc, Madelaine... Madelaine, où êtes vous donc ?..

SAINT-PHAR. Madame, je vous en supplie...

(Madame de Latour passe par-devant Saint-Phar, qui ne peut l'empêcher.)

1 SAINT-PHAR, 2 Mme DE LA TOUR, 3 MADELAINE.

MADELAINE, *pleurant.* C'est moi, j'l'ons retrouvé, je ne le quittons plus et je ne veux pas qu'il reste ici.

Mme DE LATOUR. Et pourquoi cela, Madelaine ?

MADELAINE, *criant.* Parce que je suis sa femme aussi... l'ancienne, je suis la première inscrite... j'ai mon contrat dans la poche...

Mme DE LA TOUR, *feignant de se trouver mal.* Ciel !!! est-il possible !..

SAINT-PHAR, *avec explosion.* Allons, voilà que ça va commencer...

DUO.

(Chaque fois que Madelaine prend la voix de madame de Latour, elle remonte un peu la scène, et redescend quand elle contrefait la voix de Madelaine, comme si les personnages étaient ainsi placés.)

Mme DE LA TOUR.

(Fauteuil.)

SAINT-PHAR.

MADELAINE.

A ma douleur, etc., etc.

A ces mots : « *C'est un infâme, croyez-moi,* » Madelaine traverse par-devant Chapelou, qu'elle touche exprès, afin que celui-ci croie bien positivement qu'il a Madelaine à sa droite et Mme de Latour à sa gauche.

Après le duo, pendant la ritournelle qui précède les trois coups frappés en dehors par la garde, Madelaine gagne la droite, en remontant la scène comme les deux premières fois, et dit en imitant la voix de Mme de Latour : *Adieu, Saint-Phar, adieu pour la vie !...*

(Elle va jusqu'à la porte de son appartement, où Saint-Phar la suit à tâtons ; alors, reprenant la voix de Madelaine et saisissant Saint-Phar au collet, elle lui dit en le conduisant vers le fauteuil de droite :) *Tu n'iras pas !.. tu n'iras pas... je t'arrêtons au nom de la loi !...*

(Les portes du fond s'ouvrent, des domestiques apportent des girandoles qu'ils placent sur la cheminée de gauche. (*Grand jour.*) La garde entre, etc., etc.)